「電チャリ通」から考えた地域づくり

高校生と一緒に作った安全な町

北村友人＋国際交通安全学会［編］

東京大学出版会

Commuting by e-bike, Discovering my Neighborhood:
Collaborative Research on Traffic Safety and Community Engagement
by Osaka Prefectural Toyonaka High School Nose Branch and the
International Association of Traffic and Safety Sciences (IATSS)
Edited by Yuto Kitamura and IATSS
University of Tokyo Press, 2025
ISBN 978-4-13-053202-0

「電チャリ通」から考えた地域づくり

目次

図版出典

＊特に断りのないものは当該章の執筆者、プロジェクト関係者の作成・撮影による

20、36、88、172 頁…大阪府立豊中高等学校能勢分校提供

29、43、45、71、73 頁…Google Map、Street View 等をもとに作成

166 頁…IPBES-IPCC Co-Sponsored Workshop Report on Biodiversity and Climate Change (https://www.ipcc.ch/site/assets/uploads/2021/07/IPBES_IPCC_WR_12_2020.pdf), ©2021 Intergovernmental Science-Policy Platform on Biodiversity and Ecosystem Services (IPBES)

167 頁…Shunsuke Managi, Pushpam Kumar, eds. (2018) *Inclusive Wealth Report 2018: Measuring Progress Towards Sustainability,* Taylor and Francis.

はじめに

大阪府立豊中高等学校能勢分校は、人口の減少が著しい中山間エリアに位置する学校です。同校は、文部科学省のスーパーグローバルハイスクール（SGH）に指定されるなど、グローバルな視点からさまざまな教育活動に取り組んでおり、地域の多くの中学生が進学を希望しています。しかしながら、同校の課題として、中山間エリアに特有の「通学困難」が挙げられます。同校への通学手段としては、徒歩や自転車、路線バス、自動車での送迎がありますが、とくに路線バスは地域住民の減少に伴い利用者数が減ったことで便数が大幅に減らされ、高校生たちの通学に大きな支障を生じるようになっています。そのため、近年では進学希望者が通学困難を理由に入学を断念することも多く、入学者の減少を引き起こしています。

そこで、二〇二一年から公益財団法人国際交通安全学会（IATSS）のプロジェクトとして、高校生に電動アシスト付き自転車（e-bike）という新たな通学手段（＝本書では「電チャリ通」と称す）を提供してきました。このプロジェクトでは、単に「電チャリ通」という通学手段を提供することに留まらず、高校生たちが安全に移動できるための交通安全教育を実施しています。また、自転車通学の生徒が増えるなかで、それまで自家用車やバスなどで移動していたために気づけなかった能勢町の地域課題に対して目を向けるように、高校生たちに働きかけをしてきました。

具体的には、生徒たちの運転行動を画像データとして記録し、どのようなリスク行動をとっているのかについて分析を行い、その分析結果を踏まえた交通安全教育を実施してきました。また、高校生たち自身で通学路の道路環境について考えてもらい、いかなる環境整備が必要であるかを地域住民や行政、地元の企業の方々と意見交換を行うワークショップを行ってきたりしました。さらに、これらの経験にもとづき、交通安全教育の重要性に気づいた高校生たちが、自分たちで考えた交通安全教育を地元の中学生たちに対して実施するといった取り組みも行ってきました。

こうしたプロジェクトを通して、高校生たちは、自分たちが直面する課題を「自分ごと」として受けとめ、その課題解決のために主体的に考え、取り組むという経験を積み重ねています。このような取り組みは、新たな市民性教育のモデルとして、さまざまな地域課題と高校生たちが向き合っていく際に参照できると考えます。そこで、本プロジェクトの取り組みをひとつのモデルとして提示することによって、さまざまな学校で応用していただくことを期待しています。そのため、本書の主たる読者としては、学校の先生方（とくに高校教員）を想定しています。本書で提示する高校生たちの取り組みを参考にして、ご自身の学校の生徒のみなさんが主体的に地域課題と向き合うことを応援していただければと思います。

また、高校生たちも、読者として想定しています。自分たちの同世代の子たちが、どのように地域の課題に気づき、それらの課題を解決するために、いかにして学校、行政、地域と連携してきたかを知っていただくことで、読者一人ひとりが自分たちにできることを考えてもらえればと願っています。

なお、本書を企画した際に、プロジェクトに参加している能勢分校の生徒たちの声をできるだけ伝えたいと考えました。そのため、第2章と第4章では、プロジェクト・メンバーである岸上祐子先生（九州大学）が能勢分校ならびに能勢町の関係各所を取材し、そこで聞き取ったさまざまな話を盛り込んだ形で、本プロジェクトの様子を立体的に描いています。

こうした取材に加えて、本プロジェクトを通して感じたことや考えたことを生徒たち自身の手で表現してもらいたいと願い、執筆を依頼しました。本書には、最初は戸惑いながらも、このプロジェクトと真剣に向き合ってきてくれた生徒たちの様子が、彼ら・彼女ら自身の言葉で語られています。ぜひ、生徒たちの文章をお読みいただき、どんなふうにプロジェクトが展開されてきたのかを想像してみてください。

このプロジェクトが実り多い成果を上げ、こうして書籍という形にまとめることができたのは、能勢分校の生徒のみなさんがいたからこそです。毎日毎日、どんなに暑くても寒くても、ときに雨や雪が降っても、電チャリ通を続けている生徒さんたちの姿が、プロジェクトに関わっている私たち大人の心を動かしてきました。高校生たちの声を、大人たちは真剣に受けとめるということを、プロジェクトに参加してくれた生徒のみなさんには、感じてもらえたと思います。

この本を通して、安全で安心な交通環境を能勢町に実現するために、高校生と大人が一緒になって奮闘した様子をご覧ください。そして、能勢分校の生徒のみなさんに触発された全国各地の高校生たちが、それぞれ直面している課題を地域の大人たちと一緒になって解決していこう、と考えるきっかけに本書がなればと願っています。

令和六年十二月一日

公益財団法人国際交通安全学会（ＩＡＴＳＳ）
「中山間エリアの高校における交通課題解決のための教育活動研究会」
プロジェクト・リーダー　北村　友人（東京大学大学院教育学研究科教授）

＊なお、本書をできるだけ読みやすいものにするため、章ごとの内容に応じて「ですます調」あるいは「である調」を使用していますので、文体が章によって異なることをご理解ください。

本プロジェクトと豊中高等学校能勢分校の関わり

二〇二一年五月十七日（月）の夕刻に開催されたオンライン会議を今でも鮮明に覚えている。その会議とは、本プロジェクトの第1回研究会。プロジェクト全体にとってのキックオフミーティングである。会議の参加者は、プロジェクト・リーダーである北村教授をはじめ数多くの大学の研究者、能勢町役場の職員、地域電力会社の社員、事務局であるＩＡＴＳＳスタッフ、そして本校教職員。合計二〇名を超えるメンバーが参集し会議が実施された。

テーマは「中山間エリアの高校通学における交通課題の解決と教育的効果の測定」。確かに本校は、大阪最北端の中山間地に位置し、公共交通機関の便も少ない交通不便地域である。生徒たちの通学の側面では数多くの課題を抱えている。しかし本校は、全校生徒八〇名程度の小規模校。教員数も限られている。プロジェクトの趣旨である「生徒主導で交通課題の解決に取り組む」という生徒たちの挑戦の機会に心が躍った一方で、交通や教育等を専門とする錚々たる研究者の期待に応えられるのだろうか、という一抹の不安も感じていた。

しかし、そんな不安は生徒たちの活動によって吹き飛んだ。それはプロジェクト1年目の初期のこと。活動に必要となる電動アシスト付き自転車（通称はｅ－ｂｉｋｅ）の導入にあたり、生徒たちは自転車のプロフェッショナルからアドバイスをもらいつつ、自分たちで議論を重ね選定を行った。本プロジェクトの目的を達成するためには、どのような車体が適しているのか、安全面に配慮した適切なｅ－ｂｉｋｅはどのような車体なのかなど、生徒たちは課題を「自分ごと」と捉えながら車両選定の過程をいきいきと楽しんでいたのだ。生徒たちが主体的・意欲的になるプロジェクトなら、必ずやよい取り組みや成果につながるだろうと期待が膨らんだ。

本校はスクールミッションとして、「能勢・豊能の地において、学校づくりとまちづくりを地域とともに実践し、社会の変化を追い風と捉えながら、新たな価値を生み出す人物を育成する」ことを掲げている。スクールミッションの実現に向けて、「挑戦」「協働」「創造」という3つの強みを持った生徒の育成を目指している。本プロジェクトは、生徒たちが多様なステークホルダーと連携や協働をしながら、ｅ－ｂｉｋｅという環境面に配慮した新たな交通手段を活用して、地域が抱えている社会課題の解決を試みる取り組み。まさにスクールミッションの実現に向けて大きな推進力となるプロジェクトであると本校は捉えている。ＶＵＣＡの時代と呼ばれる変化は、能勢・豊能地域も例外ではない。能勢・豊能地域が抱えている課題を生徒たちが「自分ごと」と捉え、高校生の視点で課題解決に挑戦する機会は、予測困難な現代や未来社会を生き抜く力の習得にもつながっている。人材育成の観点からも、持続可能なまちづくりの観点からも本プロジェクトは価値ある取り組みである。

結びにあたり、本プロジェクトに関わるすべての方に、本校を代表して心より御礼と感謝を申し上げます。ありがとうございました。

菅原 亮（大阪府立豊中高等学校能勢分校・准校長）

大阪府立豊中高等学校能勢分校の挑戦

第1章　なぜ「電チャリ通」が必要だったか

北村友人

e-bike の例

1　持続可能な社会を目指すには

二〇一五年に国連で採択された「持続可能な開発目標（ＳＤＧｓ）」が象徴するように、今日の社会は持続不可能な状況に陥りつつあるという認識が、国内外で広まっている。ＳＤＧｓでは、今の私たちが豊かな生活を送るとともに、将来の人々も豊かに生きられるような世界の実現を目指している。そのために、環境を守り、資源を大切に使い、人びとがお互いを支え合い、共生できるような社会を創っていくことが必要である。

こうした観点から現在の日本を見たときに、持続可能性に関するさまざまな問題を抱えていることに気づくだろう。経済的な格差の広がりや自然災害の多発など、人びとが不安を感じながら生活しているような状況が、日本でも見られる。また、少子高齢化が進むなかで、将来的に生産労働人口が減ることが予想されている。政治や経済の東京への一極集中が進むのに対して、地方では産業の衰退や人口減少といった問題が起こっている。これらの様相を目のあたりにすると、まさに持続不可能な社会に日本がなりつつあると感じざるを得ない。

2　中山間エリアの高校生たちにとっての通学課題

本書の冒頭から、持続可能性という大きな社会課題に言及しながら、日本の未来に対する悲観的な見通しを提示してしまった。しかしながら、こうした問題意識を踏まえたうえで、私たちが高校生たちと一緒に取り組んできた試みを紹介することで、将来への希望を持てるような展望を示すことが、本書の目的である。SDGsという大きな国際目標と比較すると、私たちの取り組みはとても小さな試みに過ぎないが、高校生たちと接するなかで、大きな希望を持てるようになったことを、強調しておきたい。

この本で紹介するのは、大阪府の能勢町という中山間エリアにある高校で行ってきた取り組みである。中山間エリアというのは、豊かな自然に恵まれている一方、若年層が都会へ出て行くことによって、少子高齢化が急速に進んでいる地域でもある。能勢町もその例外ではない。

そうしたなかでも、全校生徒が八〇名程度である小規模校の大阪府立豊中高等学校能勢分校（以下、能勢分校）は、高校生たちの視野を広げながら、意欲的に学べる環境の整備に注力し、地域に根ざした魅力的な学校を創り上げてきた。それは、国連教育科学文化機関（ユネスコ）が認定するユネスコ・スクールであることをはじめ、二〇一五年度から5年間にわたって文部科学省（以下、文科省）のスーパー・グローバル・ハイスクール（SGH）、二〇二〇年度から3年間は文科省「地域との協働による高等学校教育改革推進事業」（グローカル型）、二〇二三年度には内閣府「高校生の地域留学推進のための高校魅力化支援事業（地域高2留学事業）」、そして、二〇二四年度には文科省「高等学校DX加速化推進事業（DXハイスクール）」に、それぞれ採択されてきたことからも明らかである。

このように、地域とのつながりを大切にしながらも、グローバルな視点から多様な教育活動に取り組んでいる能勢分校は、多くの進学希望者を集めてきた。しかし、同校の課題として「通学困難」を挙げることができる。近年では、進学希望者が通学を理由に入学を断念するケースも多い。現在、徒歩や路線バス、自動車での送迎といった通学手段があるが、それ以外は自転車通学が最終的な手段となっている。

とくに、人口減少が続くとともに、地域住民たちの生活交通における自家用車への依存度が高いため、公共交通（＝路線バス）の減便・廃止が進んでおり、路線バスによる通学に困難が生じる状況へと陥ってしまっている。具体的には、高校へのバス路線が、土休日ならびに平日の昼間については廃止となってしまった。

もちろん、バスの本数が減ったとはいえ、バス会社も高校生たちの利便性を考え、平日の朝と夕方の通学に関しては影響が最小限になるような配慮をしてきた。しかしながら、週末の部活への参加といった、イレギュラーな時間帯の通学に関しては、十分に対応できなくなったことは、致し方のないことだと思われる。

なお、行政等でも公共交通のサービス・レベルの低下への対応策が検討されてはいるが、高齢者への対応が中心的な話題を占めることが多く、同じく交通弱者である高校生への対応は必ずしも優先課題として認識されていない。

3　能勢分校における「電チャリ通」プロジェクトの立ち上げ

こうした状況のなか、公益財団法人国際交通安全学会（ＩＡＴＳＳ）の研究調査プロジェクトとして二〇二一年四月から「中山間エリアの高校における交通課題解決のための教育活動研究会」を立ち上げ、能勢分校と連携しながら、生徒たちの通学課題の解決を目指すこととなった。ＩＡＴＳＳは、本田技研工業株式会社（ホンダ）の創設者である本田宗一郎氏と、本田氏の名参謀として知られた藤沢武夫氏（元副社長）が、当時の危機的な交通環境を危惧し、理想的な交通社会を実現するため、両氏の個人基金によって一九七四年に設立された。日本初の交通分野の学際研究機関であり、さまざまな研究調査活動をこれまで行ってきた。

今回の能勢分校におけるプロジェクトは、ＩＡＴＳＳの会員である筆者（北村）が、旧知の榎原友樹氏（株式会社能勢・豊能まちづくり 代表取締役）から相談を受けたことがきっかけで始まった。榎原氏から、能勢分校の生徒たちが通学面で困難を抱えていることを聞いた筆者は、通学課題を解決するための研究調査をＩＡＴＳＳに提案し、審査を経て認められた。

公共交通機関（すなわち路線バス）の本数削減に伴う通学課題に加えて、主に町内に居住する生徒たちのなかには自転車を利用している者も多く、自転車通学の安全面において山間エリア特有の課題も見られた。そこで、通学の利便性に加えて、安全面や環境面などに関する課題を明らかにし、それらを改善・解決するための方策を生徒が中心になって考えることを目的として、ＩＡＴＳＳ研究調査プロジェクトが始まった。

このプロジェクトは、IATSSの会員たち（土井健司・大阪大学教授、吉田長裕・大阪公立大学准教授、馬奈木俊介・九州大学教授、そして筆者）が主導して、さまざまな大学や組織から集まった研究者や実務家たちと、高校生たちとが一緒になって協働してきた。とくに能勢分校では、地域の課題解決や魅力発信などに取り組んでいる「地域魅力化クラブ」の部員たちが中心となって、全校レベルで交通課題の改善・解決に向けた活動を行ってきた。

二〇二一年四月から始まったプロジェクトにおいて、能勢分校の生徒たちの通学状況を改善するために、新たな交通手段としてe‐bikeを合計で二〇台（二〇二一年度と二〇二二年度にそれぞれ一〇台ずつ）、IATSSから能勢分校に提供した。これによって、いわゆる「電チャリ通」を生徒たちが行うなかで、このプロジェクトでは以下の4つの取り組みを主に行ってきた。

（1）交通工学的アプローチ――実際の運転行動を測定し、安全面や健康面からの検証を行い、その結果をワークショップで共有した。

（2）都市計画・交通計画的アプローチ――通学路の整備状況や安全対策などについて、ワークショップを通して検証を行った。

（3）教育学的アプローチ――新しい交通手段を手に入れたことによって、交通安全に関する知識・意識・行動がどのように変容したかを測定し、教育的効果を検証した。

（4）環境経済学的アプローチ――e‐bikeの使用による、生徒やその家族の拘束時間の緩和効果や、温室効果ガスの排出増減を計測し、可視化した(1)。

今回、高校生たちにe-bikeという新たな交通手段を提供することによって、単に通学の利便性を高めただけでなく、自分たちの運転行動を振り返る機会を設けることで、交通安全に関する意識を高め、適切な行動をとれるように、交通安全教育を実施した。

具体的には、現在の通学状況を地図情報として整理したり、実際の通学の様子を映像で記録し、分析したりすることによって、それぞれが選択している交通手段や運転行動を可視化した。そのうえで、大阪公立大学の吉田先生と吉田研究室の学生たちの指導のもと、どのような運転行動が適切であり、どういった行動がリスクを伴うものであるのかについて議論し、理解を深めた。さらに、ホンダの安全運転普及本部の支援を受けて、鈴鹿サーキット交通教育センターの指導員の方に来校していただき、運転技術に関する実技訓練を実施した。

加えて、このプロジェクトに参加したことは、生徒たちにとって、能勢町およびその周辺地域に関する理解を深める契機となった。これまでバスや自家用車で通学していた生徒たちが、自分たちの力で移動するなか、道路環境や自然環境をより身近なものと感じることで、地元の良さと課題に気づくことができた。そこで、気づいた課題を、まずは生徒たちのなかで共有し、そのうえで地域の大人たちにそれらを伝え、一緒に話し合うなかで、どのように解決していけるかについて議論した。

具体的には、能勢分校の「地域魅力化クラブ」が中心となり、生徒・教師・町役場・地域団体・民間企業が一体となって協議しながら、能勢地域の交通課題について考え、改善・解決の方策について検討した。

さらに、これらの活動を通して交通安全についての理解を深めた生徒たちは、そこで得た知識や経験を活かして、地元の中学校で交通安全教育を行った。その際、大阪公立大学の吉田先生と吉田研究室の学生たちによるアドバイスを仰ぎつつ、高校生たち自身で交通安全教育の内容を考えた。このように、このプロジェクトで得たものを、自分たちだけに留めるのではなく、自分たちに続く世代に対して伝えようという高校生たちの姿勢を、高く評価したい。

4 中山間エリアとしての能勢町

「電チャリ通」プロジェクトの詳細については、次章以降で見ていくが、本章を結ぶにあたり、能勢分校のある能勢町がどのような特徴を持っているのか、紹介しておきたい。

大阪府の最北端に位置する豊能郡能勢町は、五〇〇～六〇〇メートルほどの山地が連なっており、町域の約8割が山林に占められ、自然がとても豊かである。能勢町の四方を深山、剣尾山、妙見山、三草山、歌垣山などの山々が囲み、特別天然記念物のオオサンショウウオなど希少な生き物が見られることでも知られている。

古くから摂津の国と日本海方面を結ぶ交通の要衝にあり、奈良時代にはすでに郡衙（役所）が設けられていたという。江戸時代中期からは、この地方を治めていた能勢氏が祀った妙見大菩薩に、関西一円から参拝客が大勢訪れた能勢妙見で広く知られてきた。明治時代以降は、山間の自然と気候風土を活かした「三白三黒」（三白——米・寒天・高野豆腐、三黒——栗・炭・黒牛）の産地として、その豊かな土地を誇ってきた(2)。

また、能勢浄瑠璃という選択無形民俗文化財に指定されている伝統芸能が有名である。町内には、二〇〇人以上の太夫がおり、子供浄瑠璃や浄瑠璃用劇場など、町ぐるみで浄瑠璃の振興に取り組んでいる。このように能勢町は、伝統的な文化や産業を有し、風光明媚な景観に恵まれた地域である。

こうした歴史や風土を持つ能勢町は、「中山間エリア」と呼ばれる地域でもある。中山間エリアとは、山間地やその周りの地域で、地理的な条件が悪いため、農業をするのに不利な地域のことである。それでも、山地の多い日本の中山間エリアにおける農業は、全国の耕地面積の約4割、全国の農家数の約4割を占めていて、日本の農業のなかで重要な役割を担っている。また、洪水や土砂崩れを防ぐなど多くの機能があり、国民の生活を守るうえでも大切な地域である(3)。

日本の各地にある中山間エリアでは、生産年齢人口が減少するとともに、若者の人口が減少しているという状況が、しばしば見られる。そうした状況は、能勢町でも例外ではなく、二〇二〇年の人口（九〇七九名）が年々減少し、二〇五〇年には半数以下（57・7パーセント減の三八三八名）になると推計されている。また、年少人口（0～14歳）や生産年齢人口（15～64歳）が大幅に減少し、第2次ベビーブーム世代（一九七一～一九七四年生まれ）の人たちが後期高齢者となることなどによって、人口ピラミッドの形は逆三角形に変化し、住民の高齢化がさらに進んでいくことが見込まれている（二〇二〇年には65歳以上の高齢者の割合が41・5パーセントであるのに対して、二〇五〇年には68・7パーセントにまで上昇すると推計されている）(4)。

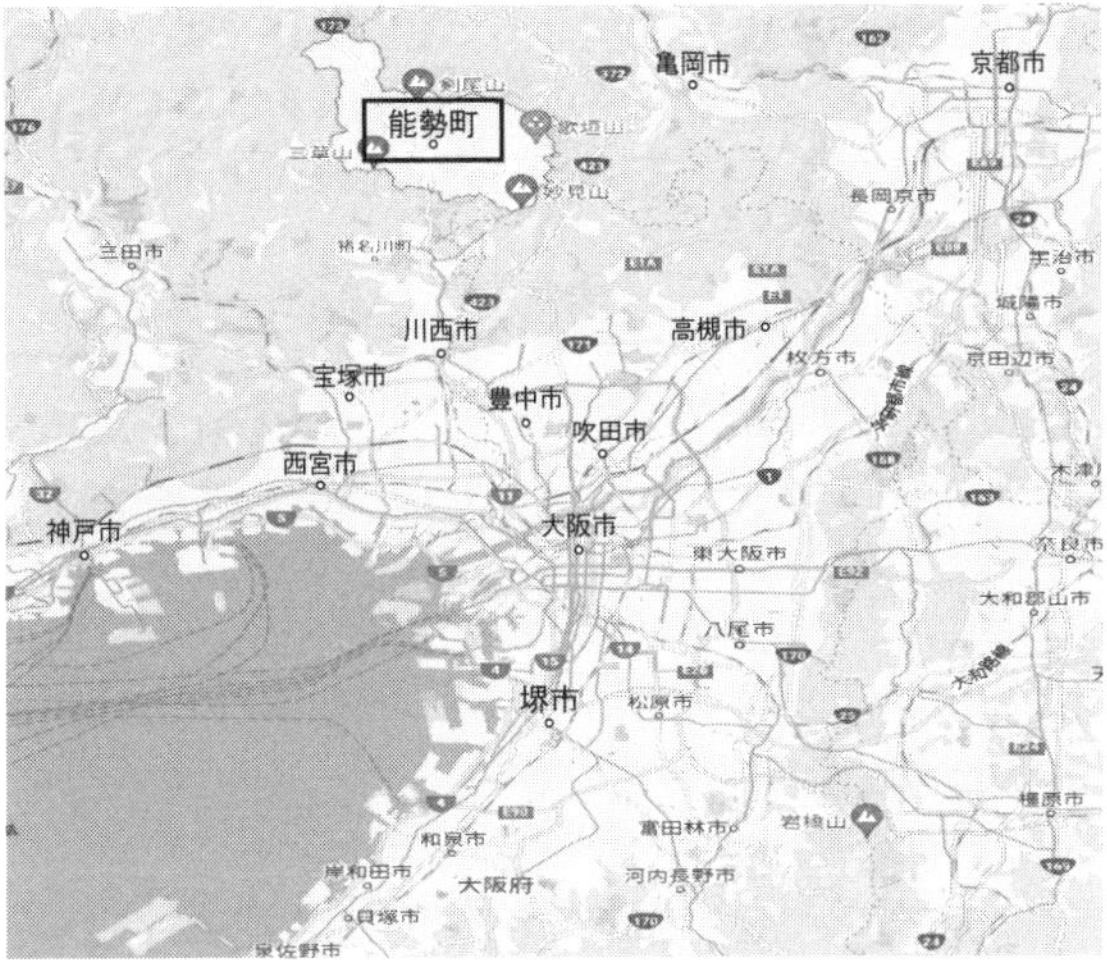

図 1-1　大阪府能勢町の位置

図 1-2　能勢町を取り巻く自然環境

ここまで述べてきたような地形や人口構成の影響を受けて、多くの中山間エリアでは交通における以下のような課題が発生している。

（1）公共交通機関の不足

中山間エリアは人口が少なく、需要が限られているため、バスや電車などの公共交通機関が十分に整備されていないことが多い。これにより、高齢者や免許を持たない若者など、車を運転できない人びとにとっては移動が非常に困難になることが、しばしば見られる。とくに、日常生活に必要な買い物や病院へのアクセスが問題となることが多い。

（2）高齢化と運転免許返納

中山間エリアは他の地域に比べて高齢化が進んでおり、多くの高齢者が車を唯一の移動手段としている。しかしながら、年齢とともに運転能力が低下するため、運転免許を返納する人が増えている。これによって、移動手段を失った高齢者が増え、社会的孤立や生活の質の低下が懸念されている。

（3）道路インフラの整備が不十分

中山間エリアは地形が複雑で、急勾配や狭い道路が多く、道路インフラの整備が難しい。そのため、とくに冬季には積雪や凍結で道路が危険になることもある。また、アクセスが悪いため、物流も遅れがちで、商品やサービスの提供が円滑に行われないケースもある。

（4）持続可能な交通システムの構築が困難

人口減少が進むなか、公共交通の運営コストが収入を上回ることが多く、持続可能な交通システムを構築するのが難しいという問題もしばしば見られる。そのため、多くの中山間エリアでは交通手段の維持ができず、さらに移動手段が制限されるといった、悪循環が生じている。

（5）デマンド交通の導入

一部の中山間エリアでは、デマンド交通（利用者の予約に応じて運行する地域公共交通サービス）が導入されているが、サービスの範囲や頻度が限られているため、十分な解決策とはいえないことが多い。このような新しい交通手段の導入が進めば、交通の課題解決に寄与する可能性があるが、導入にはコストや運営の課題が残っている。

ここまで見てきたように、中山間エリアの交通問題は、人口減少や高齢化と密接に関連しており、公共交通機関の不足、運転免許返納後の代替手段の確保、道路インフラの整備不足が主な課題である。これらの問題に対しては、デマンド交通の導入や地域密着型の移動支援サービスなどの新しい解決策が求められているが、持続可能なシステムの構築には引き続き工夫が必要である。こうした状況は、能勢町でも例外ではなく、能勢町地域公共交通会議などの場で、対策について協議が積み重ねられている。本プロジェクトのメンバーである葉健人・大阪大学助教は、この会議の委員として、積極的にこうした協議に参加し、提言を行ったりしている。

しかしながら、先述のように若年層人口が減少していることもあり、そのような協議の場では高齢者の交通問題を中心に議論される傾向は否めず、今回のプロジェクトで取り組んできた高校生の通学や子どもたちの交通安全といった問題には、十分な注意が集まってきたとはいえない状況がある。そうしたなか、本プロジェクトは、新たな視点から公共交通問題を考えることの必要性について、問題提起をしたといえるだろう。

それでは、本プロジェクトがどのような取り組みをして、それが高校生たちにどのように受けとめられ、そして、高校生たちの意識や行動がどのように変容してきたのか、次章以降で紹介していきたい。

註

（1）環境経済学的アプローチについては、さらなる検証が必要であるため、本書では主にその他3つのアプローチについて検証結果等を提示する。

（2）能勢町ホームページ「能勢町の歩み」(https://www.town.nose.osaka.jp/soshiki/soumuka/seisakusuishin/gaiyou/index.html［二〇二四年八月十四日閲覧］)

（3）農林水産省ホームページ「中山間地域等について」(https://www.maff.go.jp/j/nousin/tyusan/siharai_seido/s_about/cyusan/index.html［二〇二四年十月十四日閲覧］)

（4） 大阪府ホームページ「町村の将来のあり方に関する勉強会『能勢町 将来課題の対応方策の検討』～課題認識編～令和6年3月 能勢町／大阪府」(https://www.town.nose.osaka.jp/material/files/group/9/nose_arikata_report.pdf〔二〇二四年十月十四日閲覧〕)

能勢分校生たちの声・1

安全指導の様子と校舎

1 「電チャリ通」の導入前から導入直後

導入直前には、充電設備の設置場所の選定、使用方法に関するマニュアル作成、そして故障時の迅速な対応体制の構築に追われました。学校側の協力はもちろんのこと、高校生へ導入することによるメリットを理解してもらう必要があり、丁寧な説明とコミュニケーションを徹底しました。この期間は、正直、多忙を極めましたが、高校生たちが安全に通学できる未来を想像すると、自然とやる気が湧いてきました。

e-bikeが実際に導入され、高校生たちが安全かつ快適に通学している姿を見て、当時頑張って良かったと今感じています。このプロジェクトは、通学の利便性向上だけでなく、環境問題への意識向上、そして通学によるストレスの低下による学力の向上、また豊中高校能勢分校の新規生徒獲得にも繋がるものと信じています。

21年度卒業　分校2期生　西山　京

現在4つ下の弟が能勢分校に通っているのですが、その弟がe-bikeを借りて登校していることを知り、活動が実った気がしてやってて良かったなと改めて感じました。今現在に至るまで続いているということは、魅力化クラブの後輩・先生方・そして榎原さんはじめ多くの大人の方の努力があってこそのものだと感じます。

こうした活動が自分の進路にも影響したので、貴重なプロジェクトに携われたこと・貴重な経験をさせて頂いたことにすごく感謝したいです。今後も様々な活動を通して、能勢分校、能勢全体がより良くなっていってほしいなと思います。

21年度卒業　分校2期生　濱　颯太

地域魅力化クラブ活動の話し合いの中で、能勢町は公共交通機関が少なく、交通手段が限られて不便に感じることがあるという問題点があがりました。そこから能勢分校では何ができるか考え、みんなが使用できる電動自転車を取り入れたらいいのではないかという案があがり、e-bikeプロジェクトが始まりました。e-bike導入前は、e-bikeがあれば通学手段も増え、また、私自身も自転車通学だったため、坂も楽にのぼることができるようになっていいなと思っていました。

その反面、本当に実現可能なのかなど、初めての試みということもあり不安に思うこともありました。しかし、生徒だけでなく、先生方や能勢・豊能まちづくりの方々と本格的に話し合い、実際に3台導入された時は、本当に少しずつ実現していってるんだなと実感し、これまでの取り組みの達成感も感じられました。また、3台から10台と台数が増え、e-bikeを利用する生徒が増えると、このプロジェクトを地域魅力化クラブで取り組むことができ良かったなと感じることもできました。

22年度卒業　分校3期生　谷　安祐美

2　プロジェクトが動き出して

初めは叶うとも思わずにe-bikeがあれば学校に通いやすくなるし、楽だなと思ってみんなで話していました。それが実際に国際交通安全学会の方々、東京大学の北村先生と大きなプロジェクトをすることになり、最初はわくわくした気持ちと本当に大丈夫かなという不安な気持ちでした。

ですが、何度も話し合い、みんなでどのe-bikeがいいのかを決めたり、使用するためのルールを決めたりするうちに、プロジェクトを進めて行くのは難しいこともあるけどすごく楽しいと思いました。ワークショップを通して安全に乗るためにはどうしたらいいのか、自分たちはどうして進めていきたいか、正しく乗れているのかなどを話して、次どうするかなどを決めて学校で使えるようになったので、とても良かったと思います。

普通の学生生活では、なかなかできないプロジェクトに参加させて頂いて、どうしたらいいのわからなかったり、戸惑いながら活動したりすることもありましたが、自分が学校や町のために活動することが出来たので、すごくいい経験をさせて貰えて良かったと思っています。

他の学校や町、色んなところでこの活動が広まって、能勢町の事を知って貰え、興味を持ってもらうことにつながればいいなと思います。

22年度卒業　分校3期生　滝口　るな

e-bikeを利用したての私は、事故に遭うことを考えずに自転車を利用していました。ある時、自転車に取り付けたカメラのデータを見る日があり、そこにあったのは車の警戒を怠る自分の姿でした。これに加え、街灯の少なさや自転車が転倒する要因になる道路不備等、通学路の道路環境に関することも明らかになりました。この時、今までは曖昧だった道路交通法を知ることにつながり、意識してこなかった道路環境の悪さに気づくことができました。また、ワークショップは生徒と大人が混じって話し合うことや、意見をまとめて発表を行うことがあり、貴重な経験ができていると感じました。

このようにワークショップは、自転車を利用するうえで必要な知識を学べる良い機会であり、高校生にして大人と話し合う経験を積めるまたとない機会でした。また、周囲の大人の方々は生徒の意見を無下に扱わず、向き合ってくれたことで、難しい話し合いにも前向きな気持ちを持つことができたと感じます。

22年度卒業　分校3期生　中岡　睦喜

最初は「電動自転車になることで通学が楽になるなら乗りたいな」くらいの気持ちで参加していました。でも、能勢町の役場の方や東大の教授の方などとプロジェクトが結構大きくなっていき、それとともに実際にe-bikeに乗ることでバスに乗らなくてもよくなった生徒や、通学がとても楽になったという生徒が増えていき、途中から結構すごいことだったんだなと気づきました。私たちが卒業してからもe-bikeの活動が続けられていて、少しでも多くの人に広めることができるといいなと思います！

能勢町だけでなくこの活動のことを他の学校などにも知ってほしいし、能勢のことも知ってもらえるきっかけになると嬉しいです。今思うとこの活動をやってて良かったなと思います。ありがとうございました！

22年度卒業　分校3期生　東　梨佳

3　入学前に期待していたこと

私は片道2時間かけて毎日通学しており、駅から学校までの区間をe-bikeを借り、通学しています。

私がe-bikeプロジェクトを初めて知ったのが、学校説明会を聞きに行った時です。初めはバスを使用して通学する予定でしたが、それほど遠くない道を片道五百円以上払うのが馬鹿ばかしくなり、何かいい方法がないか聞いてみるとe-bikeプロジェクトの話が出てきました。

e-bikeプロジェクトは電動アシスト付き自転車を借り、通学する際に危険な道などを報告するワークショップに参加するプロジェクトです。e-bikeプロジェクトに参加して良かったことは、まずは通学がすこぶる楽になったことです。通学路はかなり坂道が多く、普通の自転車ではかなりキツイので、本当に楽に通学できます。もうひとつは、ワークショップに参加すると地域の課題や交通安全などを知ることができ、楽しくそして安全に通学できます。さらに、ワークショップでは普段喋らない先輩や後輩などともコミュニケーションがとれて、とても楽しいです。

23年度入学　分校6期生　渡邊　宝

僕は入学する前にはe-bikeの存在を知らなかったので、元々は自分が持っている自転車で登校するつもりでした。そのため休日を使って家から学校まで何分でいけるのか、時間を計測してみると、約25分かかりました。家から学校までの距離はあまり離れていませんが、坂道があるため、学校につく頃には汗がでたり、足に相当な負担が掛かったり、家を少し早めにでなければならないと思っていました。

ですが、入学してからe-bikeの存在を知り、電動アシスト付きの自転車を借りられることを知って、実際に借りてみました。早速家から学校まで登校してみました。すると、普通なら25分弱は掛かっていたのが、なんと約15分という10分も早くつくことができ、坂道もスイスイと進んだり、足の負担も軽減されたりして、家を出る時間も少し余裕ができました。

24年度入学　分校7期生　今中　悠斗

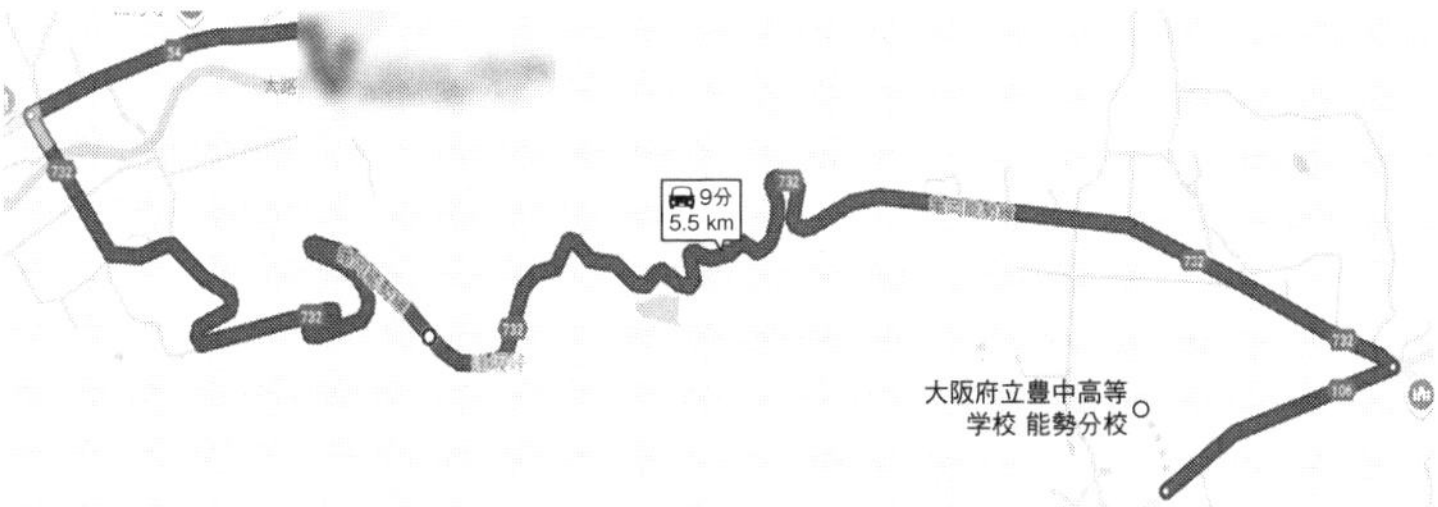

図1-3　通学路を示した地図

私は、e-bikeを利用した通学が可能だということを、入学前から期待していました。中学校の進路面談の時に、能勢分校には〝e-bikeプロジェクト〟というものがあることを先生から教えてもらい、「このプロジェクトを利用すれば、時間もお金も節約できる!」と思いました。私の家は能勢分校から結構な距離があり、公共交通機関を使って通学するとなると、朝早くに起きなければならず、ひとつでもバスや電車を逃してしまえば、学校の始業時間に間に合わず、遅刻となってしまうという、まさに〝過酷〟なものでした。そして山のなかをバスが走るということで運賃も六百円を超えており、金銭面でも厳しいというところがありました。けれど、このe-bikeプロジェクトを利用すると、道中に峠を超えなければなりませんでしたが、時間もお金も節約できるということで、これが私の能勢分校への進学の後押しとなりました。

もし能勢分校にe-bikeプロジェクトが存在しなかったら、私の通学はとても過酷なものになっていたと思います。e-bike1つでこんなにも便利になるんだと、実際に現在も利用して思っています。

24年度入学　分校7期生　糀谷　葵

図 1-4　自転車での通学経路

図 1-5　公共交通機関を利用した場合

第2章　「電チャリ通」の実態と交通安全

岸上祐子

1　交通安全教育へ向けて

この章では、e-bikeプロジェクトに参加した生徒たちの発言を中心に、通学の状況や交通安全教育の必要性について紹介したい。

大阪府豊能郡能勢町は、大阪府の北部、京都府や兵庫県と隣接する、人口が約1万人弱の町だ。町内には田畑や森林の美しい風景が広がる。町内の学校は小中一貫教育を担う能勢ささゆり学園、そして、大阪府立能勢高等学校を前身に二〇一八年に設立された大阪府立豊中高等学校能勢分校がある。能勢分校の生徒数は八〇名ほど。約3割の生徒が町外から通う。近隣の能勢電鉄妙見口駅からは約10キロメートル離れた分校へは路線バス、あるいは自転車通学や保護者による送迎が通学の主な手段となっている。

しかし妙見口駅からの路線バスは二〇二四年四月から廃線となり、能勢町が運営する代替交通「妙見口のせ号」が、通学時間も考慮したダイヤで運行している。とはいえ、この代替交通の許容量もあり、生徒からは朝の通学時間帯には「パンパンの乗車率になっている」との声もある。料金は妙見口駅から片道五〇〇円、通学定期は1カ月で一万二千四〇〇円（二〇二四年現在）と、経済的な負担も大きい。高校は最寄り駅から歩いて行ける距離ではなく、また、公共の交通手段も限られるため、自転車は通学の選択肢のひとつになる。しかし中山間地域の能勢町内では、通学路の標高差が大きい。

「遠方から来る子は、『お母さんが結構バス代はしんどい』みたいなことを言っています。電車の定期だけで結構な値段するけれど、駅から学校まではｅ－ｂｉｋｅを借りられているから、能勢高まで来られると言っていました」との声もある。

平坦な地形であれば自転車で通うのも楽しいが、能勢町の中央には山並みが走る。これにより町は、おおまかに東西に分けられ、役場など町の中心的な施設や能勢分校の最寄り駅に近い町の西側から、分校が存在する東側へ向かうには傾斜がきつく、ヘアピンカーブもあるような坂道を上って峠を越えることになる。

また、雨や冬場の自転車の通学は厳しい。通学路のさまざまな課題が見えてくる。

図 2-1　能勢分校の学校銘板

図 2-2　能勢分校の校舎（一部）

図 2-3　峠を頂点に急な坂が続く通学路

2　地域魅力化クラブとｅ-ｂｉｋｅプロジェクト

能勢分校は４つのコースを持つ総合学科で、バドミントン部や弓道部などの運動部のほか、家庭科部、漫画研究部などのクラブ活動も盛んだ。クラブ活動のひとつ「地域魅力化クラブ」が中心となって行っているのが「ｅ-ｂｉｋｅプロジェクト」になる。同校のウエブサイトには、「二〇二一年度から始まった大きなプロジェクトです。昨年度に株式会社能勢・豊能まちづくりの榎原さんや永井さんとのミーティングがきっかけで始まったこの計画。能勢町とくに能勢分校生の交通（通学）課題を解決しようとするもので、その主役になるのが電動アシスト付き自転車、通称『ｅ-ｂｉｋｅ』です。能勢町の自転車屋さんのアドバイスをもらいつつ、自分たちで車体の選定を行い、先日ようやく1期となる3台の運用を開始することができました。今後は、大阪大学や大阪公立大学の先生方に協力してもらいながら、路面状況や危険な箇所の調査を行い、安全に通学するための課題を見つけていきます」と紹介されている。

地域産のエネルギーを使いながら、制約の多い通学手段を改善しようと、ｅ-ｂｉｋｅプロジェクトが始まったのだ。二〇二四年度、ｅ-ｂｉｋｅは20台に増えた。

バス移動ではどうしても時間の制約があり、部活動や体育祭の準備などを途中で切り上げなくてはならない。時間の自由度、さらに通路選択の自由度を得るためには、自力で動ける手段を得ることは大きな魅力になる。練習やおしゃべりをしている仲間を残して先に帰らなくてはいけないときの名残

り惜しい気持ちは、年代に関係なく共通するものではないか。e-bikeプロジェクトに参加する生徒たちからも、

「もともと自転車に乗るつもりはなかったけれど、地域力化クラブでe-bikeプロジェクトがあるからやってみようという感じでした。高2の秋ぐらいから、(自転車ではなく)電動自転車があったらバイト行くのも便利やし、テスト期間中、お昼で学校が終わったらバスがないけれど、自転車で帰られて便利になるから使いだしました」

「バス通学だったので、土曜日に集まることがあるとバスがなくて不便なので、最初は土曜・日曜の休みの日に学校へ行けるように、e-bikeを利用しました」との声がある。

e-bikeプロジェクトが定着するにつれ、このプロジェクトが、地域魅力化クラブに参加する動機になる場合も出てきた。

「地域魅力化クラブに入ってから、e-bikeの活動を知って参加しました。知るうちに、もっとみんな乗ればいいのにと思うことが増えて、よりこのプロジェクトに活動に対する気持ちは強くなりました」

「学校まで自転車で通える範囲だったので1回乗ってみようかなと思って試してみたら、案外、行けるという実感を得て」

「私は高校の近所に住んでいるので（自転車にも）乗ってないんですけれど、この辺りの交通の不便さを、自転車で解決できるのは面白いと思ってクラブに参加しました」

といった声から、交通手段の選択肢のひとつとして選択された経緯を見ることができる。

すでに電動アシスト付き自転車を所有しているが、地域魅力化クラブに入ることでさらに乗り方やe-bikeへの知識を深めようという、積極的な生徒もいた。

「プロジェクトに参加した理由は、もともと電動自転車を持っていて（だから自転車通学に新たな期待はないが）。e-bikeを使わせてもらい、e-bike自体の知識を深めようと思って参加しました」という声もあった。

3　事故が多い自転車運転の安全性を高めたい

通学時の暑さや寒さは避けられないが、e-bikeを使うことで通学の利便性が上がることは間違いない。しかし、坂道が多く、ダンプなど大型車も通る通学路では安全性は大変重要なポイントになる。

内閣府の『交通安全白書』によると、平成二十五〔二〇一三〕年と比較し令和四〔二〇二二〕年では自転車関連死亡重症事故件数は減少しているものの、「19歳以下の件数は一三一四件で、65歳以上の事故件数に次いで多く、自転車の安全対策では65歳以上の高齢者や、19歳以下を中心に講じることが望ましいと考えられる」と言及されている。また、総務省の資料によると平成二十五年の自転車関連事故の発生件数は、全交通事故件数の約2割になるという。

能勢分校の通学路は自転車専用レーンなどがない歩車道一体の一般道だ。町は最寄り駅から遠いこともあり、地域の人々の交通手段はほぼ自動車になる。また、近隣の市町村へ向かうトラックの通行量も比較的多い。一方、高校生は通学路や運転に慣れてくるとスピードも出て、一時停止の安全確認無視やイヤホンで音楽を聴きながらの運転のような、安全運転のための配慮やルール順守がおろそかになりがちである。

地域の住人からは、「車で生徒さんとすれ違ったり追い抜いたりしますが、ちょっとヒヤッとなることがあった」「通学時にはちょっとスピード出しているので気をつけないと」といった声もある。3年間のプロジェクトの間には、交通ルールの確認や安全運転講習がなされ、そこで自転車運転上のルールを初めて知る生徒もいた。

「e-bikeプロジェクトは単に利用するだけじゃなく、使い方の講習もあって面白そうだったから参加しました。e-bikeの使い方のほか、危険な場所の講習もあって。e-bikeで溝に落ちたりしたことがあったので。使い方だけではなく、安全性についてなど知りたいことが次々出てきます」

地域にも、安全運転講習を受けた生徒の変化が見えていた。

「ヘルメットを被っていなかったり、交通安全意識ができていなかったりしたのが、だいぶ変わってきたようです」

安全性を担保することは、利便性を享受する一方で、欠かすことができないポイントになる。時間に拘束されずに学校へ行きたい、e‐bikeのことをもっと知りたいといった希望を叶えるためには、それにまつわる安全ルールを学ばなくてはいけない。安全ルールを守ることは運転者自身を守り、社会のルールを知る一歩にもなる。

4 「自分ごと」になる通学路の事情

生徒たちはプロジェクトの安全教室で、交通ルールを学び自分の運転について気づきを得た。自転車を利用しなくてもプロジェクトに参加する生徒もいる。

「一番大きく自分が変わったなって思うのは、やっぱり交通ルールをとても意識するようになったこと。歩いていた道の危ない部分や、人の運転を見ていても、ちょっと危ないなとか、そういうことがすごく目につくようになる。e-bikeのプロジェクトで、自転車のルールを教えていただいたので、ヘルメット被ってないとかの違反が以前より目につくようになったし、たまに自分で乗るときも気にするようになった」

プロジェクトのワークショップで、自分の走行時の録画映像やデータなどからも危険性を学んだ高校生たちは、より一層、自身や他者の安全運転について意識的になった。

「カメラで自分の走行姿を客観的に見ることができたので、こんなに危ない運転をしていたんだとわかって、気をつけなあかんなって思いました」

「自動車学校に最近通っていて、自転車に乗っていたときは気づかなかったけれど、危ない状態がいっぱいあると改めて思ったし、交通ルールを（知らずに）守らない人も多いと思うので、交通ルールを教えることがとても大事だと、改めて思いました」

「道を歩くときに真ん中を歩いていると、自転車の人からしたら邪魔になる。ちゃんと道路の端を歩かないと駄目」

さらに、自転車を乗ったときに感じる、地域の危ない箇所や路地裏のような目新しい道などの発見へ広がる。

「学校周辺の危険な場所をよく知れたと思います。それと、実際e-bike使ってみると、新しい道を見つけたり」

ここには、制約を克服し自由度を得たうえに、さらなる発見があることの利点が表現される。また自分自身の成長を指摘する声もあり、町や後輩へのまなざしの変化も自覚している。e-bikeプロジェクトに関わる生徒はこのツールのよさを理解しているが、関わっていない生徒との「壁」も感じるといい、その解決策の1つとして、生徒や一般の人々が気軽に触れる仕組みづくりに思いを巡らせていると語る。

「まだe-bikeプロジェクトに関わっている生徒と一部の生徒にしか、e-bikeが活用されていなくて。使っていない生徒には、ちょっと関わりにくいなという感じもある。管理面など（多くの人に使ってもらうためには）いろいろと難しいところもあるんですけれど、もう少し気軽に使えるようになると、使える人も増えるかなと思います」

「周りの子たちにe-bikeをすすめると、ちょっと面倒くさいみたいな声が聞こえてくるときがあって、そのたびにもったいないと感じています。利用してない生徒がｅ-ｂｉｋｅプロジェクトに関わることがまだ少ないなと思うので、ｅ-ｂｉｋｅにある程度触れてくれたらと思います」

これらのことばからは、生徒たち自身の成長を伺うことができる。

5　地域に関わる人たちも視野に

視点が広がった生徒たちは町の活性化にまで考えが及ぶようになった。

「これからｅ-ｂｉｋｅが、能勢の活性化につながればいいなって思っています。生徒だけじゃなくて、例えばｅ-ｂｉｋｅと能勢にあるカフェが連携してスタンプラリーも楽しいのでは」

「能勢高の生徒だけじゃなくて、まちの人も不便だと思うから出かけたりするのに使ってもらえたら。だから学校以外にも広まってほしいなって」

「私たちの間では、町の中には共有で使えるチャリンコがないから、昼間、学校で勉強している間など私たちが乗っていない間は、町の人たちに貸し出すという案も出ました」

「細かなところで気になるところがあるんですよ。それを他の地域魅力化のプロジェクトと結びつけて、e-bikeの利便性を良くすると、e-bikeを使って入ってくれる人も増えるかなとも思いますし、e-bike自体も（システム的にも）使いやすくなるんじゃないかなと思います」

「1回e-bikeに乗るお試し期間みたいなのとかあったら、ちょっと気づいてもらえるかもしれないです」

「e-bikeを使っていると、道のここをもう少し改善したらいいなっていうところが、ちょくちょく見つかったりするんです」。

もちろん、利点ばかりではなく、雨や雪などで使えない日もあるし、電動アシストがつくとしても、「自転車自体がしんどい。バスに乗ると座るだけで目的地に着くし」という、自転車の制約も踏まえている。

「少し前に地域魅力化プロジェクトで、置いたままになっている太陽光発電を活用しようということがあがりました。太陽光パネルから電気をもってきて、それをe-bikeの充電に使えるようにしたんです。そんなことができてきたら……」

「太陽光発電での充電は、エネルギーに関することだし。周囲の環境や、道路、交通の問題もあります。これひとつの解決策というのはなくて、いろんな問題を生んだいろんな問題があると思う。今ある問題、いずれ出てくる問題、それらを少しずつでも地域魅力化の活動で解決していけたらいいなと思います」

e-bikeプロジェクトに参加し安全教育を受け、道路の問題点から、まちの活性化やエネルギー循環まで、問題点を意識する発言からは、彼らの視野の広がりを伺うことができる。

6 プロジェクトに関わって

e-bikeプロジェクトで安全に自転車を乗るための教育によって、生徒たちには自身の運転の欠点や交通ルールを学ぶことに加え、視点の広がりがあった。また、課題に取り組む過程で、学外の方々へ、プレゼンテーション資料を用意し発表する機会もあった。

「いろいろな大人と関わる機会がなかなかなかったのが、大学の先生方や町や大阪府の人たちと関われたうえに、e-bikeプロジェクトを自分たちで広めるにはどうしていくのか、もっと改善するにはどうするのかといったことを考えるのも、とても良い経験だったと思いました」

「高校に通うのが便利になったっていうより、自分の日常生活の幅が広がった。ちょっと図書館で勉強したいときも、いつもならバスの時間を気にして勉強していたところ、e-bikeがあることで、もう朝から時間を気にせずに勉強できた。バイトに行くのも、時間を気にせずに行動できるようになったことはいいと思うから、そういう利点も他の生徒に知ってもらいたい」

こうした、他者への配慮が生まれているところに、生徒たちの成長をみることができる。

プロジェクトが3年目になり、校内でもe-bikeの認知が定着してきていると語る地域魅力化クラブの顧問である上西将司教諭は、生徒たちの実感を強調した。

「3年生が、自分たちの意見で学校を取り巻く環境を変化させていく様子を見た1年生たちは、地域課題への自覚が芽生えていった様子が見てとれました。e-bikeを利用することで通学手段が劇的に変わるのを体感したこともあって、自分たちが動くことでプロジェクトが動き出す、自分たちも便利になるという恩恵を感じていました。もっと何かできないか、ということもすごく考えるようになっていきました。

授業のように先生から与えられて提出物を出すというのではなく、自分で考えて動き出すということは、生徒にとって大きな変化でした。それが、今年（二〇二三年度）の卒業生の1学年上。1年生のときから関わった二〇二三年度卒業生は、自分で考えて動き出すことや地域の課題に自分たちが取り組むことも当たり前になっていきました。その一方で、e-bikeが交通手段であるという認識が少し薄れて、安全面、例えば鍵のつけ忘れや事故などの課題が出てきたのです。安全意識については学校生活の中だけでは見えにくく、プロジェクトでの生徒に自覚が生まれ意識の変化があったことにも意義があると思います」

校内でも定着してきたe-bike通学だが、生徒たちが指摘したように新たな課題も生じている。

「(使う人に対して)ギャップを持っている生徒がいるかもしれない。『自分は(講習受講や使い方など)あんなにできない』『(使用のシステムが)面倒くさい』『(まちづくりプロジェクトなど)自分がそれに関わっていけるんだろうか』と能力的な不安を感じることもあるかもしれない。『あいつがいけるんなら、自分もやれるかな』という感覚がなくなってきているかもしれない。生徒同士がお互い触発されたらいいのだが」(上西将司教諭)

菅原亮准校長も、自分が行動することで世の中が変わることを経験したことは大きな成果と認識している。

「本プロジェクトでの原体験はとても大事なことです。本校のカリキュラムや取り組みと同様に、誰かに何かを言いっぱなしで終わるのではなく、実際に行動をして誰かの何かを変えることができる貴重な機会でした。これからの進路でも、言いっぱなしではなく、一緒に仲間を集めて行動して、周囲を変えていくようなつながりを持てるといいと思いますし、生徒たちは将来につながる手応えを感じたことだろうと思います」

e-bikeを使うことは、通学の利便性を上げることに直接的な効果がある。しかし、スピードの出し過ぎや音楽を聴きながらの運転、交通ルール違反という安全面の問題を伴うことから、安全交通教育が行われた。e-bikeプロジェクトにおいて、自身の運転について改める部分を認識し、より安全な運転方法を学んだ成果に加え、高校生たちの視野はe-bikeを使わない同級生たちや町の人々までを対象にするようになった。交通の利便性を得るほかに、人間的な成長にも寄与したといえるだろう。

また、ここで声をきいたのはプロジェクトに関わった生徒たちだったが、それ以外の生徒たちをはじめ、町の住民まで含めた活用が実現することが、e-bikeプロジェクトの効果をさらに高めることにつながるだろう。そうした観点から、本プロジェクトでは、高校生たちが地域の大人たちと対話をする機会を創出し、さまざまな視点から交通課題について、そして、地域社会のあり方について考えることを促した。4章では、そうした地域の大人たちと、どのような対話を行い、その結果に基づきいかなる協働を行ったのか、紹介したい。

第3章　「電チャリ」環境改善のための地域の大人たちとの協働

葉　健人

1　地域との協力

「電チャリ通」を行うには、もちろん運転者の行動が安全であることが重要です。しかし、いかに本人が安全に運転していようと周りの環境や道路が〝危険〟であれば、行動を安全にすることの効果にも限界があります。本章では、電チャリ通を行う高校生たちが当事者として、電チャリを利用するうえでどのような問題があるかを道路環境の観点で考え、地域の大人たちと協働して解決を目指す取り組みを紹介します。

この取り組みを通じ、高校生には社会を変える大きな力があると私は確信し、高校生もまた社会を変えるという自信を得ました。当初は、安全な電チャリ通学を実現するための道路環境を改善することを目標としていましたが、高校生への期待の大きさからまちの活性化のために電チャリを活用する検討を行う取り組みへと発展しています。本章を通じて、高校生の成長や高校生には世の中を変える力があることが伝われば幸いです。

2　扱う問題と一連のワークショップのねらい

能勢町のような過疎地域や地方部では、公共交通が便利でなかったり、自転車で移動するには目的地が遠かったりするなどの理由から、自動車に頼って生活する住民が多くいます。このような地域では自動車が多いため、道路が自動車のための空間となってしまいがちです。

それでは、自転車にとって道路はどのような空間になっているでしょうか？　日本では、自転車は原則、車道を走行することとなっています。自転車の利便性が高く、財政的にも比較的余力がある都市部では自転車レーンや通行位置を示す表示の整備など道路が自転車を受け入れるインフラの整備が進んでいます。しかし過疎地域や地方部の自治体にとって自転車のためのインフラ整備への支出は大きな負担となってしまいます。人数が決して多いとはいえないかもしれませんが、自動車の運転ができない小学生・中学生・高校生にとっては、日々の生活を送る・自分自身で自由に移動するために自転車は重要な手段となります。

本来は、誰しもが安全に移動できるように自動車、自転車、歩行者などすべてにとって安全で使いやすい道路を整備しなければなりませんが、道路の維持管理どころか問題を発見する（点検）にも多くのお金・人手を要し、十分に実施できないのが現実です。このような状況に対して、高校生自らが当事者として問題に関わることが、自分たちの環境を良くすることに加えて、お金や人手が不足しがちな過疎地域の道路を管理する自治体／行政にとっても助けになるのではないかと考え、さまざまなワークショップ（以降、WSと表記）を実施してきました。

加えて、高校生たちが自ら問題を発見し、大人と関わり、実際に社会を変えるという実践的な経験により、現代社会でも重要とされる社会を変える自信、あるいは自己効力感（目標を達成する自己能力の自己評価）を高めるという教育的な意味をも持つことを期待しています。過疎地域や地方ではさまざまな分野において人手が不足しがちです。これをむしろ、高校生が学校内では体験が難しいリア

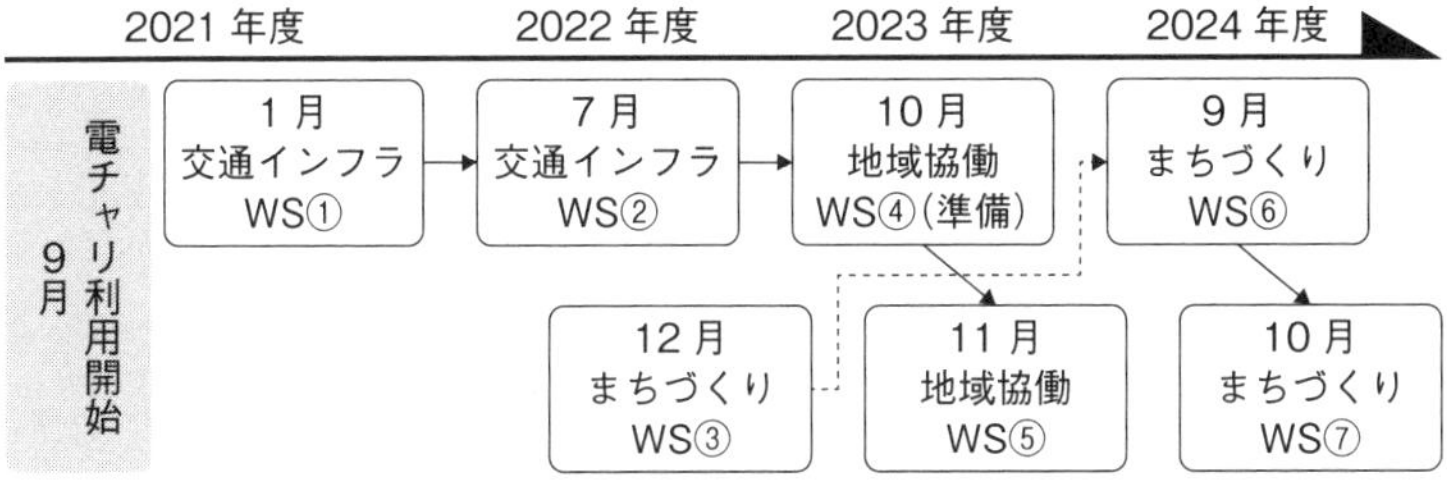

図3-1　実施した一連のワークショップ（WS）

ルな社会の問題に対して大人と協働する経験を得るとともに、社会側が高校生という新たな担い手を得るという双方にとっての好機と捉えることができないかと考えました。一連のＷＳは、この高校生と大人の新たな関係性をつくるという目的も含んでいます。

高校生が当事者として考えやすいであろう自転車を利用する道路環境の改善をまずテーマとして掲げました。その後、さまざまな関係者が関わり、多様な視点／見方を必要とするまちづくりの問題へとテーマを広げました。結果として、図3-1に示す通り、二〇二一〜二〇二四年度の4か年度にわたり計7回のＷＳを実施しました。

交通インフラＷＳは、電チャリ通を行ううえでの道路環境を題材としたＷＳを指し、この2回のＷＳを経て二〇二三年度に地域の大人たちと協働するＷＳを実施しました。他方、電チャリをまちの活性化に用いることを検討するまちづくりＷＳを3回実施しました。以降では、各ＷＳの内容や成果について述べます。便宜上、時系列順に内容を説明することはなく、また、執筆者の感想を多分に含むことはご容赦いただけますと幸いです。

3 チャリ通における道路利用環境の課題の発見と提案
――交通インフラワークショップ(WS①)の活動

第1回目(WS①)と第2回目(WS②)では、通学における電チャリ(以降は、便宜上単なる自転車を含めて電チャリと表記します)利用環境の改善を能勢町役場へ提案するためのWSを行いました。

WS①では、電チャリ通学、バス通学、送迎による通学と異なる視点を持つ生徒が互いの認識の差を知りながら電チャリ利用環境の問題を把握することを目的とし、WS②では具体的な改善の提案を考えるとともに、各案の実施優先度を決め、優先度が高いものを能勢町役場へ提案することを目的としました。

WS①に関して、参加した生徒へ通学中に感じた危険や気に入っている場所を事前課題として考えてもらいました。電チャリ通学以外の生徒にも通学路上を電チャリで通学することを想像してもらい、気づいた問題点を記録してもらいました。なお、生徒へは楽しくワークショップに参加してもらいたいという意図から、危険な場所だけでなく気に入っている場所を同時に挙げてもらいました。図3-2のように、写真とともに各自が通学路上の気に入っている場所・危険だと思う場所をまとめてくれました。

WS①当日は、まず5人程度のグループに分かれ、各自が取り組んだ事前課題を紹介し、互いの経

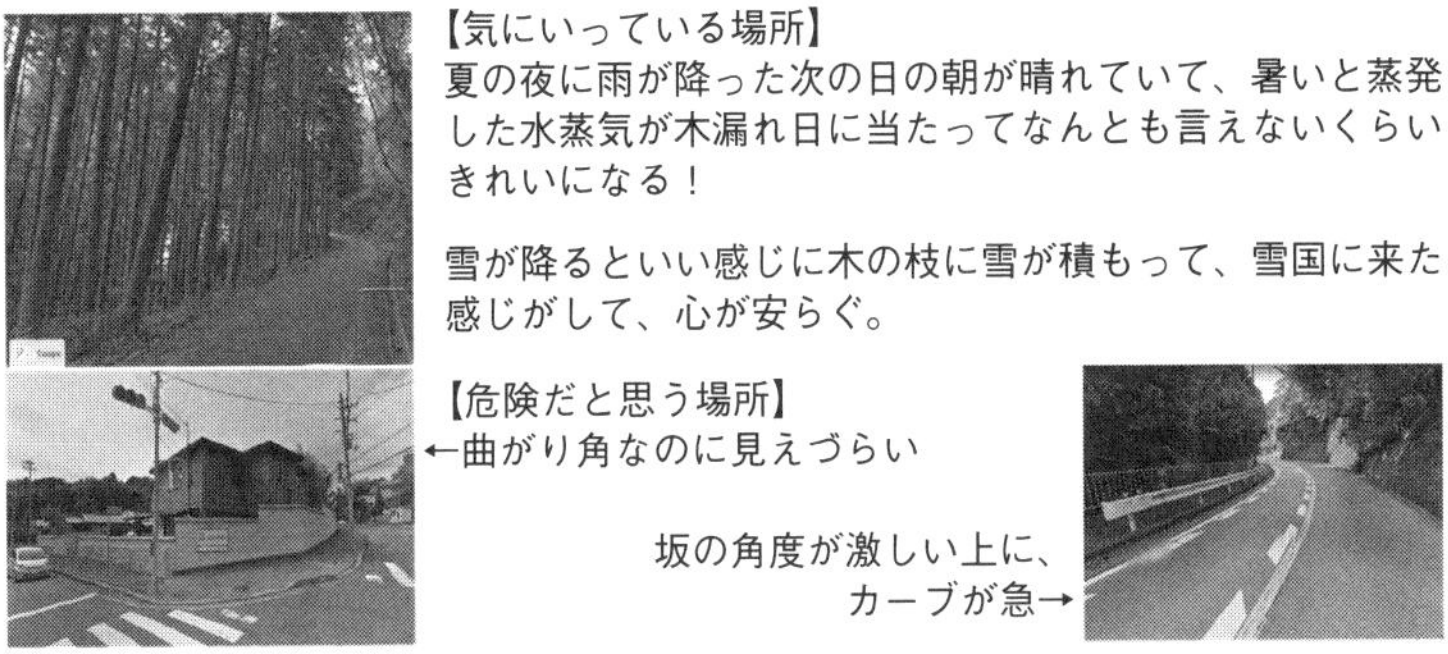
【気にいっている場所】

夏の夜に雨が降った次の日の朝が晴れていて、暑いと蒸発した水蒸気が木漏れ日に当たってなんとも言えないくらいきれいになる！

雪が降るといい感じに木の枝に雪が積もって、雪国に来た感じがして、心が安らぐ。

【危険だと思う場所】

←曲がり角なのに見えづらい
坂の角度が激しい上に、カーブが急→

図3-2　事前課題で生徒が再発見した「気に入っている」・「危険だと思う」場所の例（写真：google street view）

験や思いを共有しました。このことで、他者の視点を知るとともに、自己認識を深めてもらいました。実際、「そのような意見もあるんや〜、私は……」と異なる意見に触れ自身の意見を述べている姿がみられました。次に、危険・気に入っている場所を似ているものごとにグルーピングし、その共通している要素を挙げ、整理しました。安全に関わる要素としては、道路の路面や形状、安全施設、沿道環境、動物、地形、雪・雨など自然条件が、気に入る／楽しい要素としては、自然の景色や快適なスピードを出せることなどの要素が挙げられました。

　そして、これらの要素の相互の関係性を矢印で結ぶことで見える化し、この関係を見て対応すべき重要なテーマをグループごとに設定しました。図3-3は、ある班の議論を可視化したワークシートです。街灯がなくまちに明かりが少ないことが、電チャリの安全な利用環境実現のために重要なテーマであるとの意見にまとまりました。

　最後に、各グループがこれらの要素に基づき具体的な改善案を検討しました。各班の改善案は図3-4に示す通り

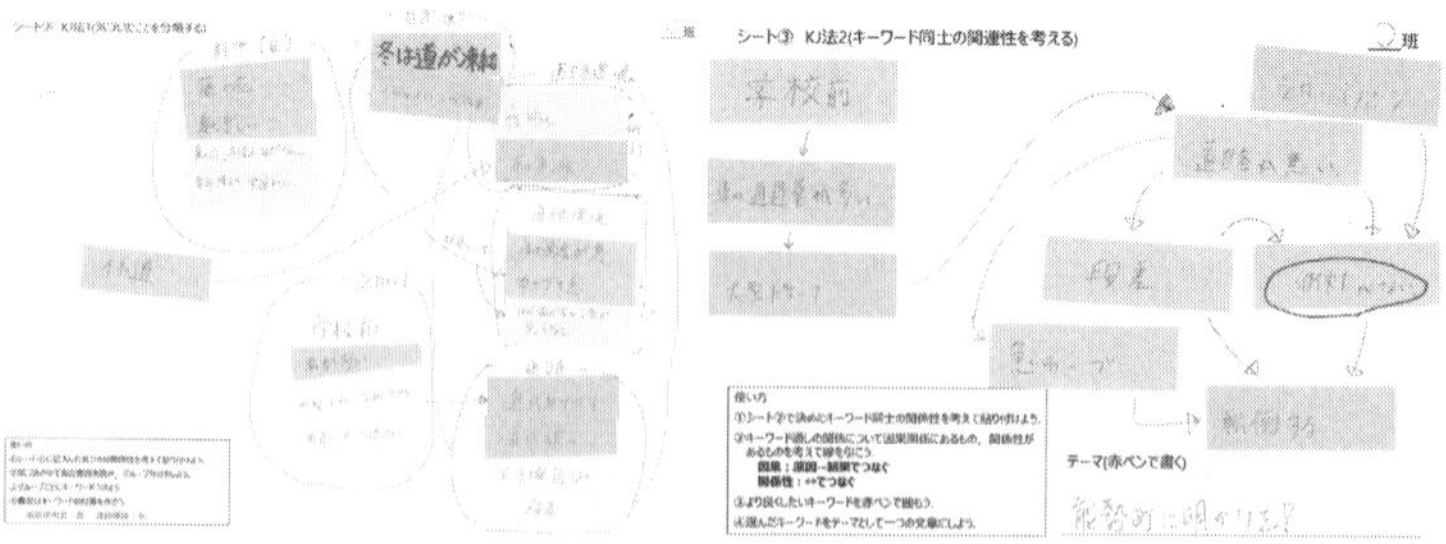

図 3-3　通学路上の気づいた点の分類と関連性の可視化
（こちらの班は、能勢町の明るさが中心の問題であると特定しました）

です。ある班は、能勢町の東西を結ぶ交通要所であり急な坂が続く名月峠の、とあるカーブ部に対象を絞り、見えづらい側溝に蓋を設置し道路外からはみ出る植物を剪定することで電チャリの走行空間を確保するなどの改良策を提案しました（図3－4上）。また、別の班は同じく名月峠全体に対してカーブミラーの設置数を増やす、道路上の穴をとくに傾斜が大きい地点から優先して補修することを提案しました（図3－4中）。

最後の班は、能勢町全体に対して街灯や夜に営業する店を増やす、イルミネーションを設置するなどまち全体を明るくすることで、夜道を移動する不安を低減し、視認性を高めることで自動車から電チャリや歩行者を見つけやすくするという提案がされました（図3－4下）。

以上のように、各班とも同じ進め方をしたにもかかわらず、各班が点（道路上のひとつのカーブ部）・線（峠の道路）・面（まち全体）とそれぞれ着目する範囲が異なる結果となりました。グループのメンバーによって着目点や議論の進め方が異なり、高校生が主体的に考えることによる自由そして柔軟な発想に驚かされるとともに、今後に向けての大きな希望を感じたこ

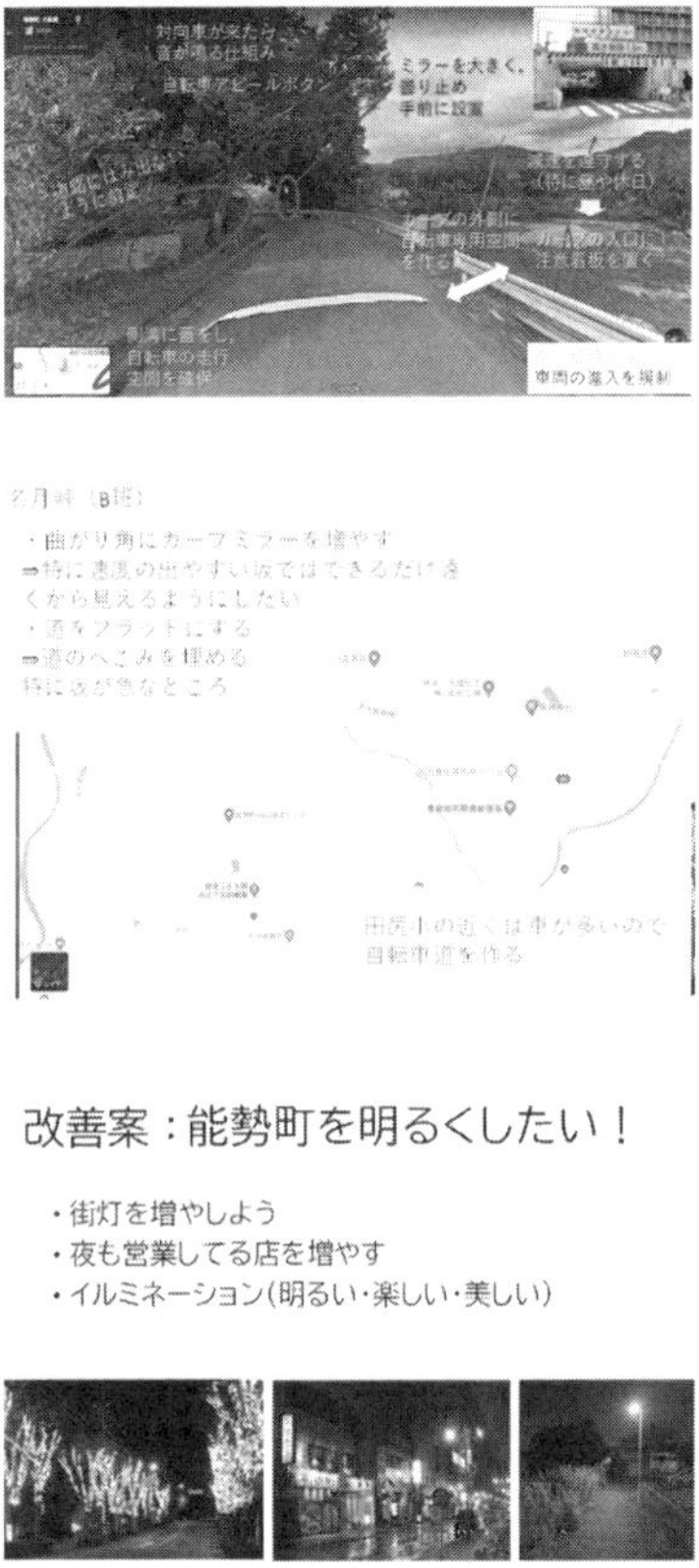

図 3-4　各班の電チャリ利用環境の改善の提案
（図・写真：google map, google street view）

とを今でも覚えています。

4　チャリ通における道路利用環境の課題の発見と提案
――交通インフラワークショップ（ＷＳ②）の活動

ＷＳ②は、年度を跨いだこともあり新たに1年生が加わりました。このため、これまでに参加した生徒が新しく参加した生徒をリードできるように、事前課題および問題の発見、改善策の提案までをＷＳ①と同様に行いました。ただし、改善案を検討する際には、「自分たちのみでできること」「自分たちが他者と協力して実施できること」「能勢町役場ができること」「それ以外の関係者ができること」という4つの視点から考えました。このような異なる視点を設けることで、提案に対して当事者意識が高まることに加え、自分たち以外の主体の立場を考慮することを意図しています。

ワークショップの時間の都合上すべての班が魅力的な場所、危険な場所の両者を扱えなかったため、魅力的な場所、危険な場所をそれぞれ2班が扱い、異なるエリアを対象とするようにしました。その結果、各班から表3-1のような改善案が挙げられました。

その後に、グループのメンバーを入れ替えて班を再構成し、異なる議論を経験したメンバーが意見を交わすことで多様な視点を含んだより良い案を考案できるような仕掛けを講じました。この新たなグループでは、まず前のグループで出した改善案を互いに紹介しました。議論が盛り上がった後に班を再構成したため最初は戸惑いがみられたものの、各班員が前の班を代表して責任感を持って議論の

表 3-1　実施主体別の電チャリ利用環境の改善の提案

	1 班	2 班	3 班	4 班
テーマ	学校周辺と北側の魅力	学校の西側の魅力	学校の西側の危険	学校の東側の危険
対象箇所	国道 477 号をより楽しく！魅力的に！	名月峠の頂上	道路環境	国道 477 号
自分たちのみでできること	・車がいるときはゆっくり走行 ・友達と二人以上で走行（他の人に迷惑をかけない）	・インスタや SNS などに写真を UP する	・役場に危険な点をプレゼンする ・ワークショップで高校生がプレゼンする	・歩道の草を切る
他者と協力してできること		・頂上付近の桜を役場と一緒に切る	・カーブミラーの周りの草を伐採 ・坂が急なのでバイク通学が認められるよう学校と調整する	・477 号と 573 号の交差点に「クラクションを鳴らさないでください」という看板を貼る
能勢町役場ができること		・街灯を道中に設置する	・カーブミラーを磨く（名月峠） ・道路の修復	・歩道を作ってほしい ・トラックが通れる時間を定める ・ミラーを増やしてほしい ・草を切る ・自転車道を作ってもらう
それ以外の関係者ができること	・歩道の除草 ・道の凸凹を平らに ・沿道の桜並木 ・街灯 ・自転車道 ・道幅を広げる	・交通ルールを守る		・トラックが通れる時間を警察に定めてもらう ・隣町にも草を切るようお願いする

内容を説明していたことが印象的でした。

そして、紹介された内容からさらに改善する案をブラッシュアップし、考えうる改善案を全て列挙しました。その後、各改善案に対し、実施すべき優先順位をつけ、各班とも優先すべき2案を選びました。そして、各班が選んだ2案を全体に対し、発表しました。これらの案に対して、高校生に加えて、筆者を含む参加者全員が役場へ提案すべきだと思う案に1票投じました。

この結果、すぐに取りかかれて電チャリの走行空間を確保できる沿道の植物の除草が、最も早急に対処すべき改善案として選ばれました。この案を考案した班の発表者が、案の重要性そして取り組みやすさを、熱意を込めてプレゼンテーションしたため、聞いている人の心が動いたことを感じました。発表の上手さの影響もあろうかと思いますが、それでも高校生が自転車レーンや通行位置を示す表示の整備などの（大人が考えがちな）費用が大きな案ではなく、実行可能性が高い現実的な案を選んだ点は非常に驚きました。すぐにでも改善してほしいという切なる思いなのか、町の現実を冷静に受け止めたためなのかはわかりませんが、高校生がリアルに物事を捉える力があることを感じました。


以上の交通インフラワークショップ（ＷＳ①②）の結果を提案書としてまとめ、能勢町役場に提出しました。その後、役場が高校性からより詳細な内容のヒアリングを行い、提案以外にもＷＳ内で挙げられた課題を共有しました。その結果、図3‒5に示すように、歩行・電チャリ走行空間を狭める民地からの草木の伐採、通学路上を走行するトラックなどの工事車両への注意喚起、（雨天延期が続

改良案の内容	実施者	得票数	
		高校生	社会人 大学生
除草	町民や道路使用者	8	1
交通課題をまとめ、優先順位を決め（マップ作成等）役場に提言	高校生、地域魅力化クラブ	5	1
SNS に能勢町の魅力などをアップロード	自分たちでできること	0	3
役場の人と一緒に道の整備をする	他者と協力してできること	0	1
名月峠のカーブの部分の路面を平らにする	能勢町	0	1
集団登校	自転車使用	0	1
道路の修復	能勢町	0	0

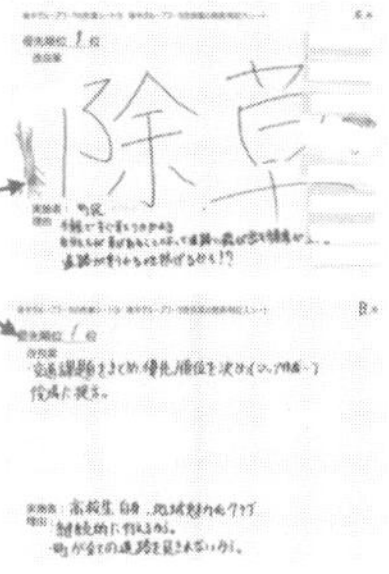

※付箋上には投票者の氏名が記載されているため伏せています。

図 3-5　改善案に対する投票結果と発表資料

図 3-6　交通インフラワークショップ（WS ①②）の成果

き実現できていませんが）町職員立会いのもと、高校生が道路のポットホール（＝穴やへこみ）を修繕することとなり、実際に実現しました。すなわち、高校生の提案によって大人が動き社会を変えることに成功したのです。加えて、WSの一部の参加者が、選択授業の中で能勢町の交通課題解決をテーマに選び、主体的な取り組みにもつながりました。

実は、この過程には裏話があります。WS①を終え、二〇二二年度になった際に高校生に向けた当年度に実施予定のワークショップなどを説明する機会を設けました。その際に、とある男子生徒が「ワークショップを行うのはいいが、それが何になるのか」と質問をされました。筆者は、高校生がワークショップ行うことを求めているのではなく、自分たちの環境や社会を変えたいという熱い思いがあることを気づかされました。ここまで高校生が本気で考えているのであれば、筆者もできるだけのことを行い、高校生の思いに応えなければならないと思うに至りました。筆者も高校生の熱に触発されて、このプロジェクトに対する意識をより一層強く持ったひとりであることをここに申し添えておきます。

5　高校生と地域の大人の協働による課題解決
——地域協働ワークショップ（WS④⑤）

交通インフラワークショップ（WS①②）では、能勢町役場への提案を前提としていました。地域協働ワークショップではより多くの方と協働し、高校生がさまざまな視点で考え、より幅広い改善につながるように、町役場以外の関係者にも参加してもらうこととしました。WS④はWS⑤の事前準備として高校生のみで実施しました。具体的には、これまでに整理した通学における電チャリ利用環境の各課題が、WS⑤にご参加頂く見込みの方の立場でどのように関わっているかを整理しました。

つまり、道路を管理する行政、交通を管理する警察、道路を利用する住民やトラックドライバーなどがどのように、自分たちが挙げた課題に関わっているかをその方々の視点に立って考えました。そして、高校生が直面する課題に対して共感し、一緒に考えてもらうための関係を築くために、どのような情報をどのような形で提供するかを検討しました。その結果、これまでのプロジェクトでやってきたこと、通学路での危険な箇所、それらに対する改善案を資料や動画でわかりやすくまとめ発表するということに決まり、高校生が3つの班に分かれ、それぞれ資料や動画を作成しました。

以上の準備を行ってから、WS⑤を実施しました。町役場に加え、住民代表、大阪府の道路管理者、警察の方にも大人の立場としてご参加いただきました。WSの前半は、高校生が三班に分かれ、図3-7に示すような資料を用いて発表を行いました。ひとつの班はこれまでプロジェクトで取り組んできた内容をまとめ、大人の方へ自分たちの努力を伝えました。また、残りの班は、これまで話し合った通学路上の危険な箇所を知ってもらうために動画を作成しました。それぞれの危険な箇所において、道路管理者、地域住民、道路利用者、高校生ができることをまとめ、話し合いのきっかけをつくりました。

WSの後半は、高校生と参加した大人が一緒の班をつくり、高校生が訴えた危険に対する対策を話し合いました。その際に、現状の危険な状態と理想の姿をそれぞれの関係主体ごとに整理を行ったう

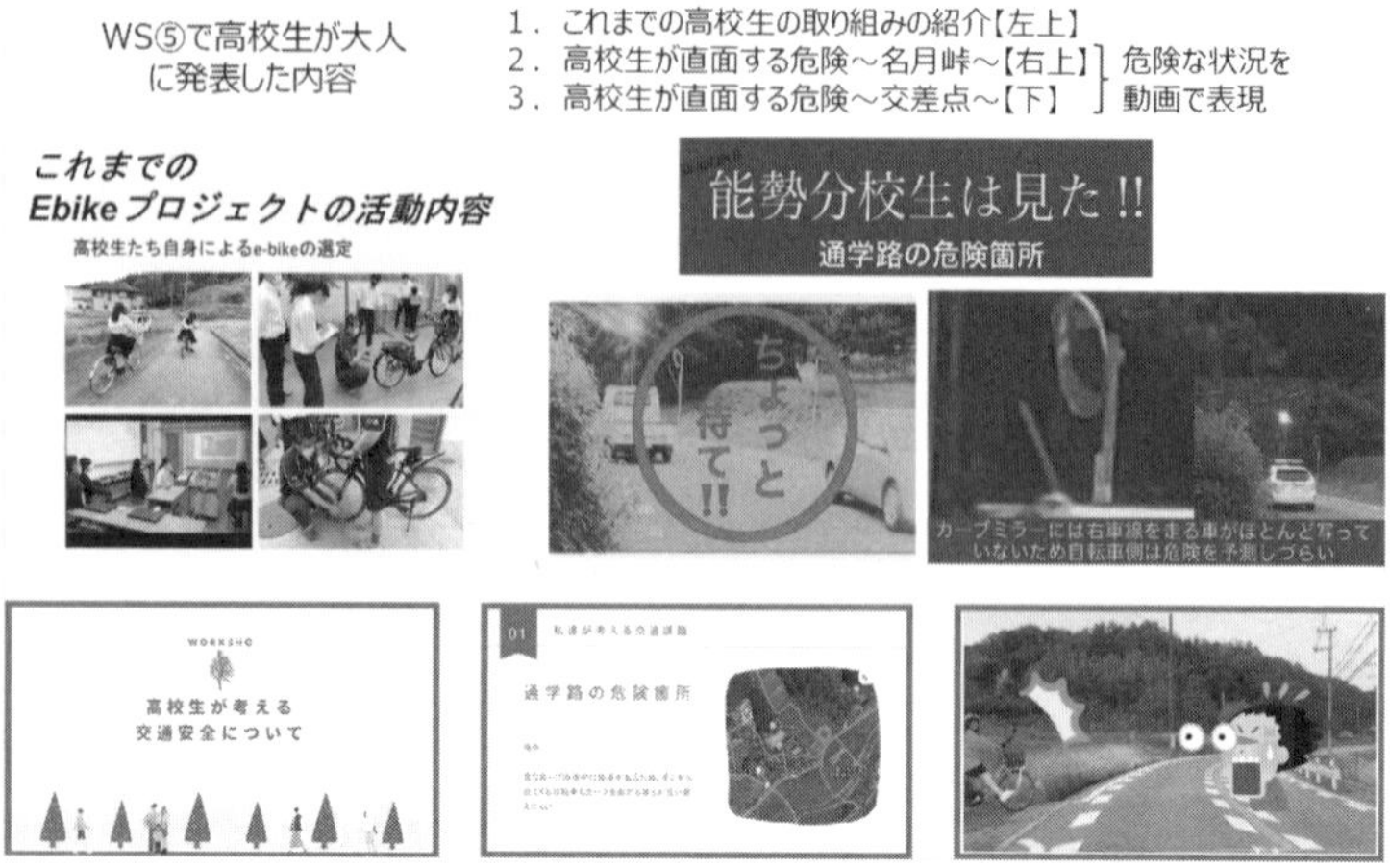

図 3-7　WS ⑤での高校生の発表の内容

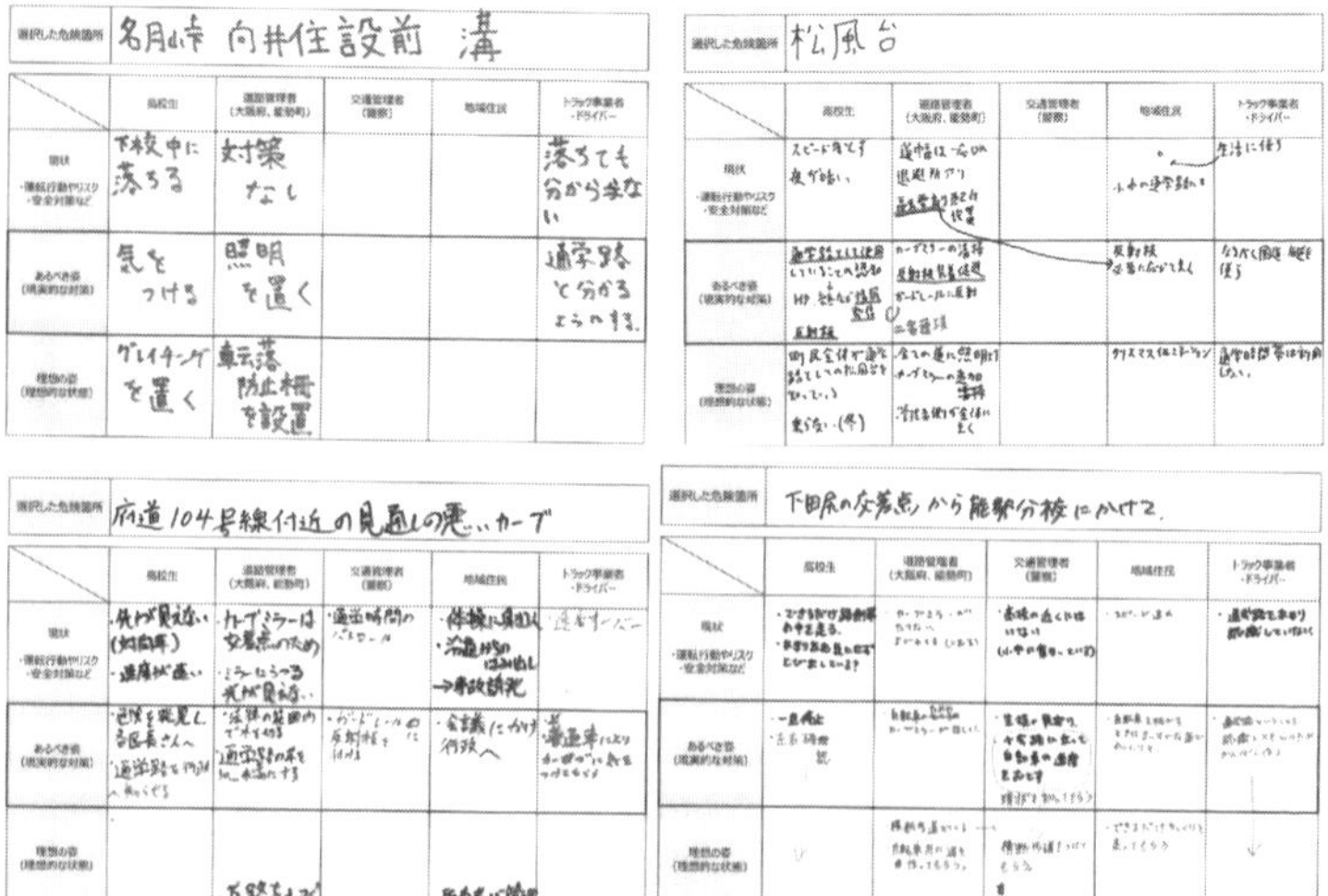

図 3-8　高校生と大人の協働の話し合いの成果

えで、あるべき姿（現実的な対策）を話し合いました。高校生が危険と感じている箇所に対策が講じられていなかったことや、住民が高校生の電チャリでの通学路を把握しておらず運転時の注意が不十分である点など多くの気づきがありました。また、これらを話し合うことで高校生が自身で実行できることへのさらなる気づきに加え、問題に対して大人へ頼ってよいことを知るきっかけとなりました。

このWSの成果として、道路管理者が危険と認知をしていなかった通学路上の見えづらい側溝に対して、反射鋲およびラバーポールを設置し、側溝に気づきやすいように道路インフラを改善しました。なお、こちらに設置されたラバーポールは他の現場で使い終えたもの、反射鋲は在庫としてあったものを活用し、迅速にご対応いただきました。道路管理者は利用者からの意見へ（大がかりなものを除き）対応する準備があり、利用者として意見を挙げることが、道路管理者にとっても助けになるという気づきとなりました。

図 3-9　地域共創 WS の成果としての道路インフラの改善

6　電チャリのまちづくりでの活用への展開
――まちづくりワークショップ（WS③⑥⑦）

本プロジェクトでは、公益財団法人国際交通安全学会の協力により、豊中高等学校能勢分校に電チャリが貸し出されています。プロジェクト終了後には、これらの電チャリが学校または役場に譲渡される予定となっています。これまでのワークショップでは、主に電チャリを利用するための道路環境改善について高校生たちが活発に意見を出し合い、その結果を提案しました。ここでの高校生の真摯な取り組み姿勢と熱意を見て、高校生が譲渡される電チャリを活用し、交通手段に課題を抱える能勢町の移動環境をより良いものにできるのではないかと感じました。こうした思いから、電チャリを活かしたまちづくりという新たなテーマへとプロジェクトの範囲を広げ、地域の交通課題の解決に挑むこととし、WS③（二〇二二年度）、WS⑥⑦（二〇二四年度）を実施しました。

WS③では、まちづくりでも電チャリが活用できそうな対象として、「通学への活用――町外からの高校生でも通学しやすくなるための電チャリの活用」「観光への活用――能勢町内の観光を盛り上げるための電チャリの活用」「住民の活用――普段、自家用車を利用する住民が健康で環境に優しい生活を送るための電チャリの活用」の3つを設けました。ワークショップではまず、それぞれの対象に対し、訪れる目的地や目的、時間帯・曜日を整理し、典型的な移動の現状を把握しました。そして、それぞれの移動に対する経路や現状用いられている移動手段をまとめ、現状の課題を挙げるとと

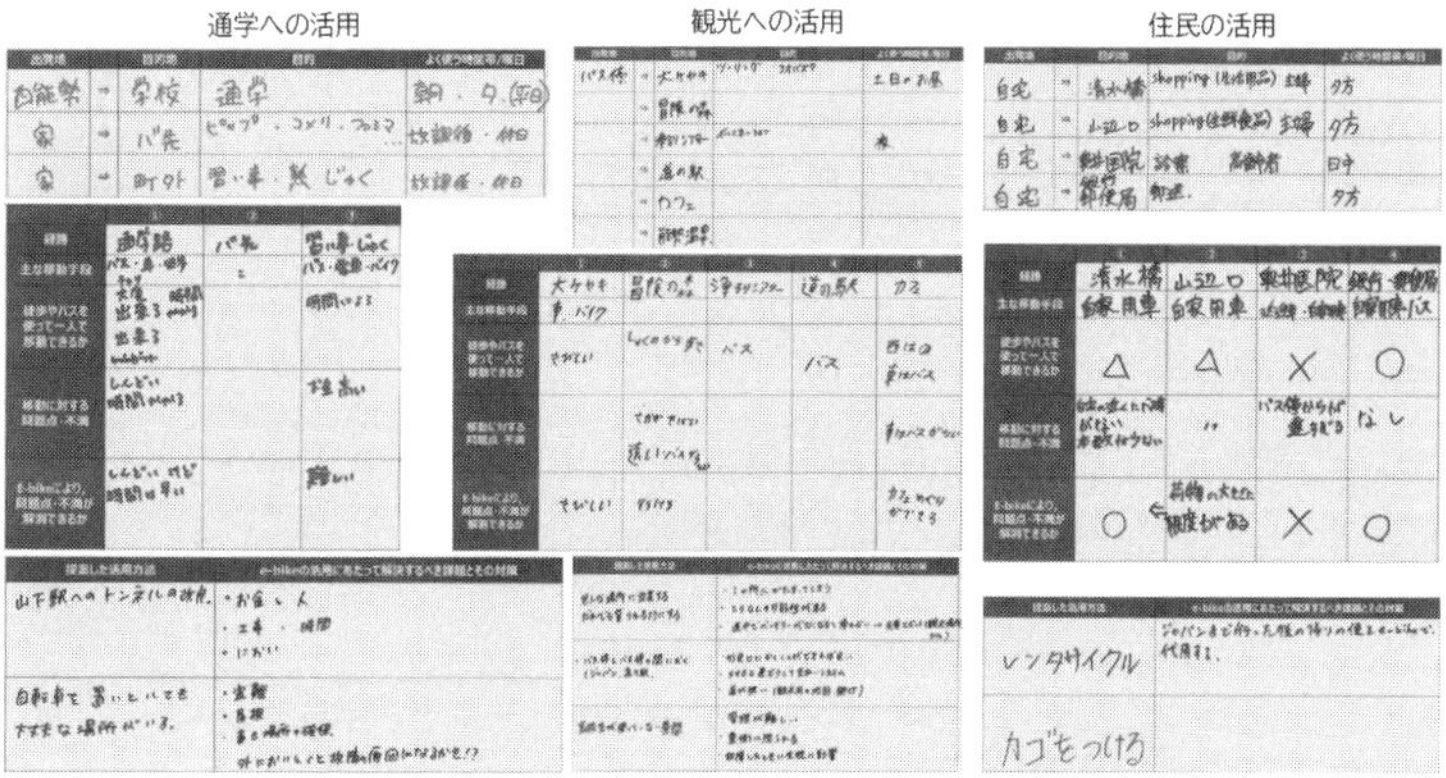

図 3-10　まちづくりワークショップ WS ③の成果

もに電チャリによって解決ができそうかを検討しました。そのうえで、解決できそうな移動に対し電チャリの活用案を考えました。

通学への活用を検討した班は、町外の鉄道駅へ通ずるトンネルを改良し電チャリも通りやすくする案、町外からのバスから電チャリへ乗り継ぐための電チャリ置き場を整備する案を挙げました。また、観光への活用を検討した班は、町内のさまざまな観光地へ行けるように電チャリを借りる場所をさまざまな場所に設け誰でも活用できるようにする案、バス停間が遠い区間の間に借りられる場所を置きバスを補完する案、高校生が使っていない日中にその電チャリを活用する案を挙げました。そして、住民の活用を検討した班は、スーパーなどの目的地に電チャリ貸し出し場所を設け、(行きは歩きまたはバスで)荷物が多い帰りに電チャリを利用する案、かごをつけて荷物を運びやすくする案を挙げました。

ここまで、まちでの電チャリの活用方法を検討しましたが、これらの案を実現するには多くの関係者の協力が必要であることから、これまで述べた通り、電チャリの利用環境を改善する地域協働WSに注力することになり、二〇二四年度までまちづくりWSの開催は残念ながらできませんでした。

二〇二四年度になると転機が訪れました。エネルギー×まちづくりで地域貢献を行っており、本プロジェクトへも参画し、能勢分校とも太陽光パネル設置ワークショップを協働するなど能勢地域に根差した企業である株式会社能勢・豊能まちづくり（以下、株式会社能勢・豊能まちづくり）が「令和5年度 共創モデル実証プロジェクト（人材育成事業）」に採択されました。ここでは、地域の交通事業者、観光、学校、医療に関わる方々と議論を進め、将来の交通まちづくりの構想やビジネスモデルが検討されました。

そして、二〇二四年度は株式会社能勢・豊能まちづくりを中心に考案されたビジネスモデルの一部を実施することになったと伺いました。この中には観光および通学に関する事業も含まれていたため株式会社能勢・豊能まちづくりにご協力をいただき、電チャリをまちのために活用することを検討するワークショップを再開することになりました。そして、本原稿を執筆しているちょうど現在、株式会社能勢・豊能まちづくりが実施する事業に実際に高校生が作成したものを実装することを目的にWS⑥⑦を行いました。ここではその概要を紹介します。

WS⑥では、観光に関し電チャリで巡れる観光地を見つけ、その観光地を安全かつ快適に移動できるような情報提供を考えること、通学に関してはバスと電チャリを乗り継ぐ通学を実現するために必要な条件を見つけ実現可能な施策を考えることを行いました．観光を検討した班は、（1）電チャリを貸し出す前に観光情報と危険箇所情報を合わせた短い動画を視聴してもらうこと、（2）電チャリに安全情報をまとめたコンパクトなカードを備え付けることが挙げられました。そして、WS⑦では具体的な動画のストーリーや、限られたスペースに記載する重要な情報を話し合い、二〇二四年十一月現在、高校生たちが鋭意作成しています。

本書を執筆している段階では、まだ高校生たちが作業を行っている最中であり、本章で実際の成果をご紹介できないことが残念ですが、ご関心のある方はぜひ能勢町にお越しになり、ご覧いただければと思います（と記載しておりましたが、何とか動画制作が完了し、巻末のQRコードからご覧いただけます）。また、通学に関しても町役場および町内の大きなシアターをバスと電チャリの乗継拠点として挙げ、バスを待つ・電チャリを停めるうえでどのような設備が必要か、どのようなルールを決めなければならないかを具体的に検討しました。しかしながら、〝大人の事情〟により、二〇二四年度以降の実施となったため、検討にとどまっています。

これまでご紹介したように、当初は大人たちと協働し電チャリの利用環境改善を試みていましたが、高校生の関心の幅の広がりが見られるとともに、高校生自身も自分たちの行いが社会を変えたと実感するにつれ、電チャリを中心により大きなテーマへと挑んできました。高校生が想像以上の力を発揮したことに加え、これに呼応するように大人たちも協力するという相乗効果が見られ課題解決への取り組みが大きく進みました。過疎地域など、特に人的なリソースが不足している地域では、高校生とともに地域も成長するというひとつの事例をご紹介しました。

最後に、読者のみなさまにお伝えしたいことがあります。それは、高校生たちがすでに社会を変える力を持っているということです。少なくとも、筆者自身はここまで高校生が自由で柔軟な発想を持ち、魅力的なコンテンツを創り上げ、プレゼンテーションを行い、現実を捉える豊かな想像力を持っているとは想像していませんでした。

とくに過疎地域では、解決が難しい社会課題が数多くあります。しかし、大人が彼らのために適切な「場」をつくり協働することで、高校生たちが自らの力を社会で発揮する貴重な経験を積むことができます。そしてそれは、第6章で後述する彼ら自身の成長にとどまらず、地域の課題解決にも大いに役立つのです。高校生と大人がともに取り組むことで、まちづくりに新たな活力がもたらされることが示唆されました。この新たな関係性こそ、地域社会がより良い未来へと進むためのひとつの指針になると確信しています。

能勢分校生たちの声・2

1　交通安全ワークショップに参加して

今回のｅ－ｂｉｋｅプロジェクトを通して私が思ったのは、〝様々な立場から観て、考える〟ことが非常に大切であるということです。自転車に乗っている運転者だけの視点では周りを捉えることに限界があり、事故やトラブルの元となります。今回の３６０度カメラを使用した実験では、普段見ることの出来ない死角を網羅でき、見えないところに潜む危険や自分たちの危ない行動が目に見えて分かりました。それをシェアするワークでは、各々の視点を共有でき、様々な角度での発見がありました。道路の凹みや、側溝が見えづらくなっていること、当事者は意識していないがとても危険な運転など第三者からの指摘で初めて気がつくことだらけでした。私はこのワーク以前はイヤホンをつけて運転していたが、大勢の前で指摘され、とても恥ずかしくなりました。それ以降運転中にイヤホンをつけることは無くなりました。

また、中学生に向けた安全講習では、交通安全の意識をどのようにして持ってもらうか考えた末、面白く分かりやすく伝えることに重点を置くことにしました。自分が中学生の立場なら、淡々と伝えられるよりも面白おかしく、大事なことはわかりやすい方が記憶に残りやすいと感じたからです。この講習のために作成した動画は、実例を撮影し、クイズを間に挟み、見ていて飽きないように工夫を凝らしました。結果、中学生たちに好評でした。構成、撮影、編集全て生徒たちで行った経験は、今後の人生でも役に立つはずです。

運転だけでなく様々な場面で、見方を変えることは非常に重要で、仕事でも勉強でも何にしろ、より多くの視点があることで多様性が生まれ、新たな発見や学びに繋がっていくと感じます。

改めてこのプロジェクトに関わってきた全ての人に感謝を申し上げます。

23年度卒業　分校4期生　足立　晴信

私が交通安全ワークショップを通して、感じたこととしては、主に3つあります。

1つ目は「危険な場所や自然により通ることが困難な場所を地域で改善していく」ということが事故を防ぐために大切だと感じました。そう感じた理由は、地域の方々や役場の方がコーンの設置や、道の整備を行ってくださることで、危険な場所が安全に通れるようになり、安全性が増したと感じたからです。

2つ目は「運転手や歩行者が、どんな場所でも危険だと感じたことは自ら避けること」が大切だと感じました。理由としては、通る道や方向、スピードが少し変わることで車や歩行者の方と衝突したり、何か段差や自然の影響による横転したりといった危険がそこら中にあることが分かったからです。

3つ目は「観光客や初めてくる人に地域の方々が、車や自転車の運転にあたっての大切なことや危険な場所をまとめて共有してあげること」が事故の防止につながると感じました。この理由としては、ワークショップで危険箇所やe-bikeを使うにあたっての注意点をまとめた際、たくさんの危険箇所などが出てきて、その場所を知らないまま観光すると危険だとわかったからです。

その他にも、地域のことの魅力などを色々な人と話し合える良い機会になって、とても良かったです。

24年度入学　分校7期生　中島　智

安全運転に関するワークショップで、鈴鹿サーキットの方が来てくださり、自転車を運転するにあたっての危険性について教わり、たくさんの学びがありました。

その中でとくに印象に残ったのは、危険予測についてです。普段自転車に乗っているときは信号を守る、曲がる前にカーブミラーや後ろを確認するなど、怪我をしない、させないように最低限のことをしているだけで、頭ではとくに何も考えずに運転していました。しかし、ワークショップで危険予測の重要性について教わり、何も考えずに運転することは凄く危険でちゃんと考えなければならないと思いました。

危険を考えながら運転するのはすごく難しいです。けれど、人や動物が急に飛び出してくることや、大きなトラックの運転席からは死角になっていて見えないことなど、突然起こる事故に対応できるように危険を予測し、予測していない時よりも怪我をしにくくしたいと思いました。
全てをなくすことはできないけれど、少しでも自転車での事故を減らすためにも、危険予測をするということはすごく重要だと感じました。

24年度入学　分校7期生　山野　はな

私はこのe-bikeプロジェクトを通してたくさんの大人の方々と話し合いを重ねてきました。実際にe-bikeを使用している高校生、大学教授の方々、能勢町役場の方々等このプロジェクトに関わって下さっている方々と、交通ルールや路面の危険箇所についての話し合いを行っていました。この会議ではe-bikeにつけたカメラをもとに危険な場面などを実際に映像を通して確認し、その対策を皆で考えました。私はe-bikeを使用していたので、道路の危険箇所やe-bikeの有用性について、自分の立場に落とし込みながら考えることができました。

この会議を通して私が一番の問題だと思ったのが、道路のひび割れでした。それほど交通量の多くない道路では、アスファルトにひびが入り、一部が削られくぼみになっていました。このような場所を自転車で通るとハンドルを取られ、転倒する可能性がとても高くなっていました。この問題を役場の方々に話すと、数か月後には問題箇所を修復していただきました。高校生ながら、自分たちの意見を役場の方々を含めこのプロジェクトに関わっている大人が真剣に聞いて下さり、実行までして下さったのは私の大きな経験になりました。

22年度卒業　分校3期生　櫻井　真道

能勢町は山々に囲まれた自然豊かな田舎ですが、ほとんどの学生が峠を越える必要があり、公共交通機関が非常に限られているため、通学手段に悩まされてきました。しかし能勢分校にe-bikeが提供され普及したことにより、高校生の声が地域の大人たちに届き、私たちの目線で交通課題を共に考えてもらえるようになりました。その結果、今まで高校生だけでは実現できなかったことも、地域の方々の協力を得て解決することができました。

高校生自身が交通安全や街の課題について真剣に取り組み、役場や地域の人々、警察、道路管理者へ意見を投げかけ、中学生や町の方々と共に交通安全を考えることで、町の課題を発見し、町民や道路を利用する人々の危険箇所の認識を促す啓発活動につながったと思います。3年間を通じて、能勢分校に通学する高校生として、そしていち町民として町の課題に真剣に向き合う楽しさや重要性、難しさを学びました。この活動がなければ、今も交通安全や町の課題に対する関心が薄かったと感じています。

23年度卒業　分校4期生　大城　小春

2　普段の学びとの違い

　とくに印象に残っているのは1年生の十月に行われた交通インフラワークショップです。そのワークショップでは役場の方から町民の方、また能勢町で働く方と意見交換をしながらお互いに思っていることや、改善するべき所などを話し合うのですが、まずこの状況がよい意味で異質だと感じました。多くの授業では先生と、生徒だけの空間で50分間を過ごし、基本的に当てられたり決まった時間でなければ、話しをしたりすることはありません。けれど、インフラワークショップの場では役場の方を含め普段はトラックを運転している方等この場がなければ話す機会なんて無かったに等しいであろう人と班になり自由に意見を交換し、互いの立場で改善しようとします。その状況があまりにも不思議で私はワクワクが止まりませんでした。

　また、内容も本当にたくさんの驚きであふれていました。私たちの班ではどうすれば通学路だと認識し、安全に運転してもらえるか、学校の目印に看板を作るのか等、ただ理想を並べる訳でもなく、大人たちが真剣に私たちのアイデアを実現するために、可能性の話や、こうしたら出来るかもと実現可能な範囲でアイデアを実現しようとしてくださったり、同じ立場で奇想天外なアイデアを出してくださったりしたのです。その空間がなんとも温かくて、ただ純粋に能勢という場所を愛していて、より良い場所にしたいだけなんだと、究極のシンプルかつ情熱のようなものに圧倒されました。

e-bikeプロジェクトをただの交通課題解決プロジェクトだと思ってはいけない。教室で学ぶことももちろん重要ですが、自身の主体性や可能性を見いだせたのは間違いなくe-bikeプロジェクトを通して得た経験の賜物です。

23年度入学　分校6期生　大坪　樹季

私は正直のところ、このe-bikeプロジェクトのワークショップを行う会議室へ向かう際、「面倒くさいなあ」と思ってしまうことが時々ある。しかし「面倒くさい」と立ち止まる場面がありながらもなおプロジェクトに参加するのは、そこから一歩を踏み出す価値を私自身がプロジェクトの中に見出しているからだ。

それは課題と学びについて仲間や大学の先生方、地域の人々と話し合い、そこからまた生まれる新たな課題や学びを噛み砕き、反芻すること。やがてそれは会議室を飛び出して、私のように〝誰かに話さずにはいられない〟衝動に駆られた人が、また学びの輪を広げていくこと。そういう学びの流れが連なり、課題は解決へ向かっていくのだと私は考える。

23年度入学　分校6期生　若崎　愛花

第4章　地域の課題、地域を変える

岸上祐子

1　高校生からはたらきかける

第3章で紹介された大阪大学の葉助教によるワークショップのひとつが、プロジェクト2年目の二〇二三年十一月に開かれた。これまでe－bikeを使い、安全講習を受けてきた生徒たちの自身の運転への気づきと通学路の危ないと思われる箇所などへの気づきを、大阪府や能勢町といった行政や警察、地元の方々と共有するワークショップだ。

ここで、生徒たちはこれまでの通学やワークショップなどで気づいた町内の危ない箇所を指摘し、改善について〝おとなたち〟と話し合うことになった。高校生たちからは、道路の危険個所のほか、地域住民やトラックの運転手にお願いしたいこと、自分たちでできる安全への取り組みが発表された。

これらはすぐに改善できるものばかりではないが、自分たちが声を挙げることで課題が改善されることを実感する貴重な機会となり、地域に気づきを与えることになった。また、1年目に比べて2年、3年と経験を重ねるにつれ、自分が考えていることを相手に伝えるプレゼン力をつけていることを地域の人々は感じている。

2　地域と能勢分校

能勢分校は大阪府立豊中高校の分校として、二〇一八年に1期生を迎えた。近年の生徒の減少で廃校候補に挙がることもあったが、豊能郡には高校がないため残してほしいという地域からの希望もあり、その存在は地域にも大切なものとなっている。

高校が存在することについて、「高校がある・ないということで、地域や町のあり方は変わると思う」と上森一成町長*も言及する。多感な高校時代を能勢町で過ごし地域の課題を考えた経験は、地域に将来的にも関わってくれることを期待しているためだ。

能勢分校は、総合学科で探究コース、食農流通コース、対人支援コース、里山起業コースの4コースを持つ。学校のプログラムには地域と積極的にかかわるものもあり、住民を招いた成果の発表会も開かれる。

今回のプロジェクトではワークショップで高校生とともに地域の住人や自治体の道路管理者らが通学路についての危険箇所などについて検討する機会もあった。参加した町や道路行政に関する方々からは、

「車を運転するようになると自転車に乗ることがほとんどない。高校生から危険な箇所を指摘されてみると、ドライバーからみる危険な場所と、自転車走行者から見た危険な場所が違うことがわ

かった。今後、そのような意見を通学路安全推進会議のような場で議論できればと思う」(能勢町産業建設部地域整備課長　松田隆司氏)

という意見も挙がった。

逆に、地域の道路に関連する人々と意見交換することで、高校生は自分たちが指摘する箇所の修正について、管轄担当者がそれぞれにあり、管理担当者や所有者などとの調整も必要で、すぐに町役場が対応できるわけではないことも学んだ。

「二〇二一年度の末ぐらいに痛んでいる道路の舗装を復旧してもらえないかと高校生から要望をいただいた。そこで地元に原材料を支給し住民が直す仕組み制度があり、役場内でも関係部署と調整し日程を決め作業工程や舗装の構成の資料なども準備しました」(能勢町総務課政策推進担当　福井哲史氏)

高校生の声を直接聞いた行政が、さらに対策を進めるためには、場合によっては付近の住民を巻き込むことが必要で、行政側はその調整も必要となる。歩道が痛んでいるような道路自体の補修が必要な場合は、町から道路管理者の大阪府へ連絡する。見通しの悪い交差点や見えにくいカーブミラー、沿道の草刈りなどは道路管理者である能勢町や大阪府の管轄となる。高校生たちが自転車通学をする際に不具合がある箇所は、地域の住民にとっても同じように困る場所となるため、町道でない場合は町から府の道路管理者へ改善のお願いするのだ。

「高校生の感じる課題は地域の課題ともいえます。生徒同士でも、先輩から後輩へ事故の例を伝えるなどして安全意識を醸成していただけたらと思いますし、高校生からドライバーへ気を付けてほしいことの発信をこれからもしてほしい」（能勢町総務部政策推進課課長　熊手俊行氏）

こうした指摘からは、それぞれ視座が異なることからのコミュニケーションの有用性が伺われる。高校生にとっては日々使用している道路はどう保守されているのかを知る機会にもなった。さらに、自分たちが日々感じていることを表明したことに、地域の〝おとな〟が耳を貸し、解決へ向けて現状を変えることができるという大きな成功体験のひとつになったといえる。

3　地域循環へ

第2章でも触れているとおり、e-bikeプロジェクトの立ち上がりには能勢町や隣の豊能町で活動する株式会社能勢・豊能まちづくりの存在がある。「能勢・豊能まちづくり」社は能勢町が16パーセント、豊能町が16パーセント（それぞれ50万円）、ほか、一般社団法人地域循環まちづくり推進機構が出資金を出している地域新電力の企業である。

地域新電力とは、地域の再生可能エネルギー等を地域に供給するとともに、地域課題解決事業などを実施する事業者だ（一般社団法人ローカルグッド創生支援機構の資料「地域新電力の現状」より）。太陽光や廃棄物、水力などの地域資源からの再生可能エネルギーで発電された電気を購入し地域に供給する。事業収益は地域へ還元することで、エネルギー代金の地域外流出を押さえ地域経済の循環や交通・防災などの地域の課題解決にも資するとされる。自治体が出資または協定で関与・連携している地域新電力は二〇一〇年に登録された「東京エコサービス㈱」を皮切りに、全国で一〇〇社を超える（二〇二四年三月時点）。

「能勢・豊能まちづくり」の事業も地域貢献を趣旨とし、その一環として町の高校生と意見交換をする機会があった。

「高校生にとっての町での困りごとを聞くと、交通で困っているという声が出てきました。行きたいところも自由に行けない、通学のほかにも、近所の飲食店にもいけない、山を登らないといけないし、自転車では高校へ通えない。親の送り迎えに頼らないといけないこともあるし、終わるのが遅くなってバスに間に合わないと部活もできない、と」（能勢・豊能まちづくり代表　榎原友樹氏）

この議論の中で坂道のきつさをアシストしてくれｅ−ｂｉｋｅだったら何か助けになるようなことができるんじゃないかという意見が挙がりｅ−ｂｉｋｅを使った通学の課題を解決するアイデアが生まれることになった。ここで、能勢・豊能まちづくりがｅ−ｂｉｋｅを寄付する選択肢もあったわけだが、それで終わらず通学路における課題の解決策を見出すという教育的な視座が入ることで、より関係者も増え、生徒にとっても自分のこととして捉えることが可能になった。

準備段階では、e‐bikeがアクティビティとしてあるという町内のアウトドア施設「ボウケンノモリのせ」で、長い坂道を使ったテスト走行を行い、これならやれそうだという感触を得たという。

能勢分校の生徒は、能勢町長らとともにドイツのシュタットベルケ（自治体が資金を提供し電気、ガス、水道、交通などの公共サービスを行う事業者）を視察し、地域のエネルギー会社についての知見を得た。その後、二〇二〇年「能勢・豊能まちづくり」社が設立された。高校生の通学時の交通の不便さという課題があり、e‐bikeをひとつのツールにエネルギー、経済が循環するまちづくりの道筋ができ上ってきた。

通学で使用するe‐bikeを太陽光パネルで発電した地域産エネルギーで走らせることは、保護者の経済的な負担の軽減だけではなく、送迎時の自動車利用を減らすためCO_2排出量軽減にも寄与する。e‐bikeでの通学は、保護者の経済的な負担の軽減だけではなく、送迎時の自動車利用を減らすCO_2排出量軽減にも寄与する。使用しているe‐bikeの仕様がさまざまであり、生徒アンケートの回答数も45名ほどと少ないが、九州大学で試算した1時間当たりのe‐bikeによるCO_2削減効果は、約5キログラムとなった。

しかし、「能勢分校は大阪府立です。地域産で環境負荷の少ない電力を供給したいと思って調整しましたが、能勢町の公共施設ではないためできませんでした」（能勢・豊能まちづくり代表　榎原友樹氏）。大阪府立の高等学校は一括契約しているため、他から電力の供給を受けると高額な違約金が発生し、能勢・豊能まちづくりからの供給は受けられない。

e-bikeを活用するにあたり、これに使う電気については再生可能エネルギーを使いたいという思いは、能勢・豊能まちづくり社にも、能勢分校も持っていた。そうしているうちに、町の廃校に太陽光パネルが残されているとの情報が入った。それを分校の教職員や地域の人びととともにワークショップ方式で磨き、系統にはつながない独立した電源として能勢分校に設置した。

現在、太陽光発電で発電された電気は授業中にe-bikeのバッテリーに充電されている。発電された電気の利用先は、e-bikeの充電だけではなく、地域のイベントなどにも蓄電池を貸し出

図 4-1　校庭脇に設置された太陽光発電パネル

図 4-2　充電中のバッテリー

して活用している。イベントに限らず災害時にも役立つと見込まれている。ただ現在は、せっかく発電した電力だが、4分の1ほどしか使い切れていない。この電力の使い道が次の課題となる。これからも、高校生たちとの取り組みは続く。

4　若者の視点と愛着へ

第1章でも説明された通り、能勢町は中山間地域にある。農林水産省の定義によると食料・農業・農村基本法第47条において「山間地及びその周辺の地域その他の地勢等の地理的条件が悪く、農業の生産条件が不利な地域」と規定され、日本においては国土面性の約7割を占めるとされる。

能勢町は二〇二一年に「二〇五〇年カーボンゼロ」を表明した。エネルギーを軸としたまちづくりを目指し、二〇二一年度SDGs未来都市にも選定されている。e－bikeプロジェクトもこれらの一環としてまちづくりを推進することが期待される。また、住民の足のひとつとして利用されている原付バイクだが、二〇二五年十一月から始まる新たな排ガス規制の適用対象となり、今後は新たな生産、販売は困難になる見通しだ。原付バイクに代わる交通手段としてe－bikeが活用されることもあり得るかもしれない。

e－bikeプロジェクトによって町内の道の安全について積極的に関わる高校生たちには、「二〇五〇年カーボンゼロ」やSDGs未来都市である能勢町としての期待もこめられるだろう。

「高校生の感覚は、環境問題についても私たちより進んだ考えを持っています。能勢分校はカリキュラムでも環境には他の高校より特化していると思います。環境負荷の削減は地域に関わらず、関心がある。能勢の場合は車の免許を取ると車を持つから、免許取得後、自転車e－bikeの使用はへるかもしれません。ただ環境に対する感覚は、私達おとなより鋭いので、そこは期待します」（能勢町長　上森一成氏）

地域の人が通行する際にあまり意識しなかったが、生徒たちが通学路のなかでも「名所」としてあげていたのが、町を西側と東側に分ける山並みにある名月峠（標高262メートル）だ。生徒たちはこの峠を越えて通うことになる。その着眼点についても町長は若者の感受性をほめ「都会の子ほど、里山などきれいに受け取れるのではないか」と言及する。町外から通う生徒の新鮮な視点もまた、町にとっては期待するもののひとつになる。能勢分校は能勢町と連携講座を4年ほど続けており、地域の課題解決について探究するものもある。高校生は町民に向け発表もし、地域の人々との接点を持つ機会となっている。

町についても、地域の人たちが見過ごした魅力を高校生たちが発見することが期待されている。

総務省の「自転車利用の現状等　自転車交通安全対策に関する行政評価・監視 結果報告」（平成二十七［二〇一五］年）には自転車と地域の活性化について、「近年では、「公共交通の機能補完」「地域の活性化」「観光戦略の推進」等のため、自転車を利活用したまちづくりの推進や、コミュニティサイクルの本格的導入などに取り組む地方公共団体等の例がみられ、「自転車利用」が個人個人の移動手段としての側面だけでなく、地域政策における要となるものという側面を有すると指摘できる」とされている。

榎原氏も「卒業後、進学や就職でいったん地元を離れた後、戻ってくる生徒がどれくらいいるのか。電動チャリ通できることが、この高校の魅力の1つに加わることも十分あり得る。高校の通学手段への影響だけではなく、大きく地域の特徴にしようとする視点も、e-bikeプロジェクトにはある」と言及する。

e-bikeプロジェクトによって高校生の通学の課題を解決することへの足掛かりとなることに加え、生徒たちの発見も町にとっては貴重な意見となった。このプロジェクトには多様な世代、職業(立場)の人々が、交通の課題解決に関わることで、利用者、管理者の双方に益をもたらすことができた。課題の改善に加え、若者の成長にも寄与している。

通学の課題解決を超え、周囲の関係者の働きもあり、SDGsにつながる町の課題解決や町の魅力化につながることが期待されるといえるだろう。

＊二〇二四年十月から能勢町町長は岡田正文氏になっている。

図 4-3　通学路にある名月峠

図 4-4　通学路の周囲には里山の美しい風景が広がる

第5章　生徒の電チャリ運転行動を変える

吉田長裕

1　交通安全教育の現状

このプロジェクトを始めた頃に、従来の交通安全教育に関するイメージについて生徒たちに聞いてみたことがある。その答えは、「ああ、あの退屈なやつですよね」、「ほとんど知ってることばかりで、またやるんですか？」というような反応が返ってきた。これが大方の高校生が交通安全教育に対して抱いているイメージではないだろうか。無理もない。小さい頃から通学時の安全や防犯、防災など、安全に関する注意を何度も何度も繰り返し受けてきた経験があるからだ。

学校の先生の話によれば、「この学校では、今まで生徒が交通事故に巻き込まれたとの話も聞いたことがないし、そもそもこの学校は中山間部にあり、そんなに車や人の通行が多いわけでもないので、交通安全がそんなに問題となったようなことは聞いていません。むしろ通学手段の路線バスが減便になって通学への影響が出ています」とのこと。確かに、地域の方からはバス減便の話は聞いていたが、交通安全に関することはそれほど優先順位が高いわけでもないようだった。この裏付けを得るために、交通事故の発生状況を確認したところ、学校近辺では数件程度の自動車同士の事故が発生しているだけで、自転車や子どもの関わる人身事故は発生していなかった。新たに電動アシスト自転車（電チャリ）通学が始まるこの学校で、交通安全教育を新たに実施することの意義はそもそもないのではないか、そんな雰囲気が漂っていた。

その一方で、この地域だけに限ったことではないが、高校生の自転車通学に関する世間の眼は厳しい。「あんな運転状態を放置しておいてよいのか」「自転車にも免許を導入したらどうか」「学校で教育をちゃんとしているのか」という声である。実際に、交通事故の統計データをみると、自転車に関しては、16〜19歳の死傷者数がピークとなっていて、あながちこれらの指摘が的を射ていないわけでもないのである。

このような背景のもと、我々のチームでは、そもそも、交通安全教育の目的は何かの再確認を行う事とした。その次に、生徒達の自転車通学の実態を把握し、自転車通学をしている生徒の視点からどのような課題があり、望ましい方向へ導けるのか――これを我々は行動変容と呼んでいるが、比較的新しい理論モデルを下敷きに実践してみることにしたのである。

2　そもそも交通安全教育の目的は何なのか

交通安全教育の目的は、「教育を受ける者を安全な行動に導くことを期待したものである」。このシンプルな定義は、海外で実施されている交通安全教育の定義の引用である。重要なポイントは、最終ゴールは安全な行動が実践できるか、ということが明確に示されていることである。同様に国内には、国家公安委員会交通安全教育指針というものがあり、この中には、「交通安全教育の目的は、二輪車の運転者及び自転車の利用者として安全に道路を通行するために必要な技能及び知識を十分に習得させるとともに、交通社会の一員として責任をもって行動することができるような健全な社会人を育成すること」と示されている。海外の定義と比べると、同じように「行動することができる」と書いてあるものの、その前後を読むと技能や知識の習得、健全な社会人の育成も交通安全教育の目的と読める。実は、この点に関してプログラムの組み方に課題があり、どうやら従来の交通安全教育が人の安全な行動変化に必ずしもつながっていないのではないかという疑問が生じていたわけである。交通安全教育に関しては、具体的な実効性や評価方法に課題があり、教育と行動の関係性に関する正しい理解と、効果的な行動変容につなげる教育・学習機会の提供、教育効果の検証が求められているのである。この交通安全教育に関する課題は、当該学校に限ったことではなく、世界に共通するものとなっている。

3　プロジェクトの目的

そこで、本プロジェクトでは、生徒が主体的に学んで行動に反映できるように交通安全ワークショップ（WS）を企画し、そのワークショップ前後での自転車の運転行動の変化をビデオによって検証することとした。ここでは、ワークショップの効果は生徒たちの内的要因にも影響することから、ノルウェー交通安全評議会が提案した包括的な行動変容モデルと探究的な学習モデルを採用し、ワークショップを通じた探究的な学習によって、運転行動の変化を検証することとした。

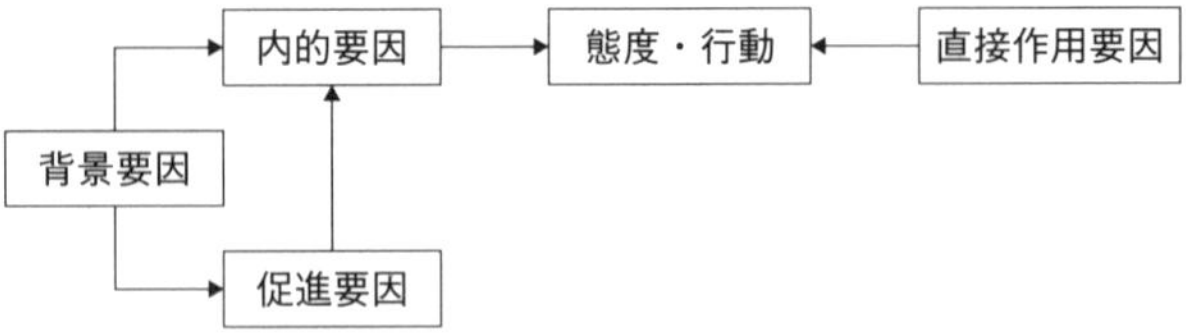

図 5-1　包括的な行動変容モデル

4　採用した行動モデル

本プロジェクトで採用した行動モデルは、包括的な行動変容モデル（図5－1）というもので、人間の行動決定に関する主要な5つの要素として、「背景要因」、「内的要因」、「促進要因」、「直接作用要因」「態度及び行動」を考慮したものである。「態度及び行動」に影響を与える「背景要因」とは、対象グループの交通安全を促進するもの、「内的要因」とは対象グループで変化させたい人の内面に関するもの、「促進要因」とは人の行動を変えようとする意図に関わるもの、「直接作用要因」とは、人の内的要因を介することなく行動に直接的に影響を及ぼすもの、となっている。

このモデルとは、「計画的行動理論（TPB）」「健康信念モデル（HBM）」「対人行動モデル（TIB）」「精緻化尤度モデル（ELM）」「変化の超理論的モデル（TTM）」の5つのモデルの重要な要素を組み合わせ、「態度」「意図」「行動」を変化させる要因を考慮したものとなっている。交通安全教育の実施者は、教育受講者の課題や特徴を考慮し、多くの刺激要素の候補のなかからこれらの要素を絞り込むことで、教育の効果をより具体的なものにすることができる。

本プロジェクトではWSによる行動変容の要因として、「知識・技能」「規範意識（命令的規範・記述的規範）」「行動自信」「過信・慢心」「周囲からの圧力・期待」「やる気」「責任感」の7つを設定し、アンケート調査・WS時の自由記述による感想・意見より行動変化要因の特定を行った。

5 行動変容の検証方法

行動変容を検証するために、おおむね3つの分析パートにわけた。行動変容の分析では、ナチュラリスティックデータを用いてWSによる行動変容の程度について検証した。行動変容の要因分析では、行動変容に影響を与えうる内的要因がWSを通じてどのように変化したかを、アンケートを用いて分析した。また、WS中の意見や感想をもとに、変容要因の特定や探索的学習と行動変容要因との関係を定性的に分析した。学習効果分析では、ルーブリックを用いて、探索的学習による学習に対する学生自身の評価を定量的に分析した。

6 対　象

研究対象は、大阪府立豊中高等学校能勢分校（以下、能勢分校）において電動アシスト自転車（以下、e‐bike）を利用している生徒と、地域活性化を目的とした部活動（地域魅力化クラブ）所属の生徒である。学校の統廃合や公共交通機関の縮小等により通学課題が生じていたため、新たに自

表 5-1　探究的学習ワークショップの概要

	WS-1	WS-2	WS-3	WS-4
実施日	2021 年 12 月 21 日	2022 年 8 月 21 日	2023 年 1 月 23 日	2023 年 7 月 19 日
参加者数	12 人	16 人	13 人	延べ 10 人
班構成 (　) 内は行動調査あり	A 班：6(3)人 B 班：6(3)人	A 班：6(3)人 B 班：6(2)人 C 班：5(1)人	A 班：7(2)人 B 班：6(1)人	1 年生班：5(0)人 3 年生班：5(3)人
GW 内容	動画を用いた行動の振り返り、安全運転行動のディスカッション	危険予測・回避トレーニング、安全行動のディスカッション＋説明	動画を用いた行動の振り返り、安全行動のディスカッション＋説明	中学生への交通安全に関する探究的学習の発表
特徴	A 班：安全＋危険 B 班：危険のみ	全班：安全のみ	A 班：安全のみ B 班：危険のみ	なし
評価内容	実行動変容の程度の検証	行動変容要因の特定	実行動変容の程度の検証・行動変容要因の変化の検証	探究的学習効果

転車通学を始める高校生にｅ－ｂｉｋｅを提供し、交通安全や交通環境の改善を目的とした探究的学習の時間を設け、安全な通学状態の確保と持続可能な地域づくりの実現を目的として実施された。プロジェクトの実施期間中、ｅ－ｂｉｋｅ通学者と地域活性化を目的とした部活動所属の生徒を対象に、行動モニタリング調査とともに、交通安全に関する4回の探究的学習ＷＳを実施した。

プロジェクトでは延べ31名の生徒が探究的学習ＷＳに参加した。ｅ－ｂｉｋｅ通学の生徒は24名で、そのうち17名がナチュラリスティックデータを収集するためのモニタリング調査に参加した。ここで、ナチュラリスティックデータとは、「自然観察主義的なデータ」と呼ばれるもので、長期間にわたり被験者の行動をモニタリングすることにより、普段のありのままの行動状態を周辺環境とともに取得することができる。

7　行動モニタリング調査

高校生の通学時のナチュラリスティックデータを収集するために使用した機器は、360度カメラ、GPS付きサイクルコンピュータ、腕時計型の心拍計、ケイデンス（ペダル回転数）センサー、速度センサーである。360度カメラはe-bikeの右ハンドルに、サイクルコンピュータは左ハンドルに、ケイデンスセンサーはクランクアームに、速度センサーは後輪ハブの上に取り付け、心拍計は右手首に巻き付けて計測を行った。速度センサー、ケイデンスセンサー、心拍計は、サイクルコンピュータにワイヤレス接続され、データを取得することができる。調査時には、生徒自身が計測機器類を自転車に取り付け、1人あたり5日間分の、登下校時のデータを取得できるようにした。

行動モニタリング調査は、二〇二一年から二〇二三年までの3年間で延べ18人、総移動距離二〇六四キロメートル、総走行時間一三三時間三六分となった。通学ルートは、交通量の少ない中山間地域の峠道を通る片道平均六・三キロメートル程度で、歩道もほとんど整備されていない道路となっている。

図 5-2　行動モニタリング調査で利用した計測機器類

8　行動モニタリング調査の結果

行動モニタリング調査から、様々なｅ−ｂｉｋｅの利用実態が明らかとなった。例えば、①ｅ−ｂｉｋｅの特性を上手く使えている例／使えていない例では、峠の上り坂で、通常の自転車よりも重たい電動アシスト自転車を立ちこぎしていて、アシスト力をうまく活用して体力の消耗を抑えるような乗り方ができていないようであった。これは、電動アシスト自転車の特性を十分に理解していないからだと考えられる。その他に、②交通ルールを順守している例／順守していない例では、信号遵守や一時停止、二段階右折などのルールに従った運転行動が必ずしも十分に実施されていない状況があった。この背景には通学時の遅刻してはいけないという焦りがあり、安全運転に必要な手続きをスキップしてしまい、結果的により危険な状況に至ることもあった。この危険プロセスをさらに詳細に見ると、危険予測が十分にできておらず、自分の行動評価がじゅうぶんにできていなかった。このような運転行動に関わる特徴を危険（リスク）タイプ別に分類したところ、「リスクテイキング」「リスクの過小評価」「受動リスク」「リスク回避」の４つに整理することができた。

9　ＷＳ前後での運転技能の変化

ＷＳでは、高校生の交通事故実態、自転車事故による高額賠償事例に関する情報提供を行ったあと、2つのグループに分かれて運転行動に関するディスカッションを行った。このディスカッションでは、行動モニタリング調査により得られたビデオクリップを使いながら、①e-bikeの特性の理解、②交通ルールの再確認、③危険予測能力の習得（JAF危険予測・回避トレーニング）、④動画を用いた具体的な状況下での危険予測・回避能力の習得を目的として実施した。

その結果、WS受講後には、登坂区間において走行速度が低下し、アシスト力が向上した。これは、①に関する説明を客観的なデータを使って行った結果として、運転技能の変化の価値が認識されたものと考えられる。

10　WS前後での運転行動の変化

WS前後においては、イヤホンしながら走行、走行中の道路横断頻度、危険回避行動の頻度、ヘルメット着用率が改善した。特に、イヤホンしながら走行、ヘルメット着用については、WS中になぜ問題なのかを理解して運転できるようになったことに加えて、周囲の友人からの同調圧力によりその行動をやめたのではないかと考えられる。

一方、一時停止、二段階右折についてはほとんど改善しておらず、単純に問題点を指摘するだけでは運転行動の変化にはつながらないこともわかった。この原因として、本WSでは、交差点における望ましい運転行動が明確に共有化されるまでに至らなかったこと、参加者の運転に対する過信状態が高いと行動変化が促進されにくいことが関係していたものと考えられる。

表 5-2　動画から抽出した自転車の運転行動①

	安全行動	危険行動
e-bike の特性	・坂道をアシスト力を使って登る	・立ちこぎ
交通ルール	・一時停止の順守 ・信号交差点通行時の信号順守	・歩道走行（歩行者と錯綜） ・車道右側の逆走（自動車と錯綜） ・二段階右折の不順守 ・信号無視 ・一時停止及び徐行なし
危険予測・回避	・車列後ろで信号待ち ・信号待ちの間、歩道で車列が過ぎるまで待機 ・前方の車の右左折を優先させる ・無信号交差点での一時停止、安全確認	・トラックが追従しても避けることができない ・トラックの内輪差に巻き込まれそうになる
その他		・イヤホンしながら走行 ・イヤホンしながら×手放し走行 ・下り坂×段差で荷物が飛び出る

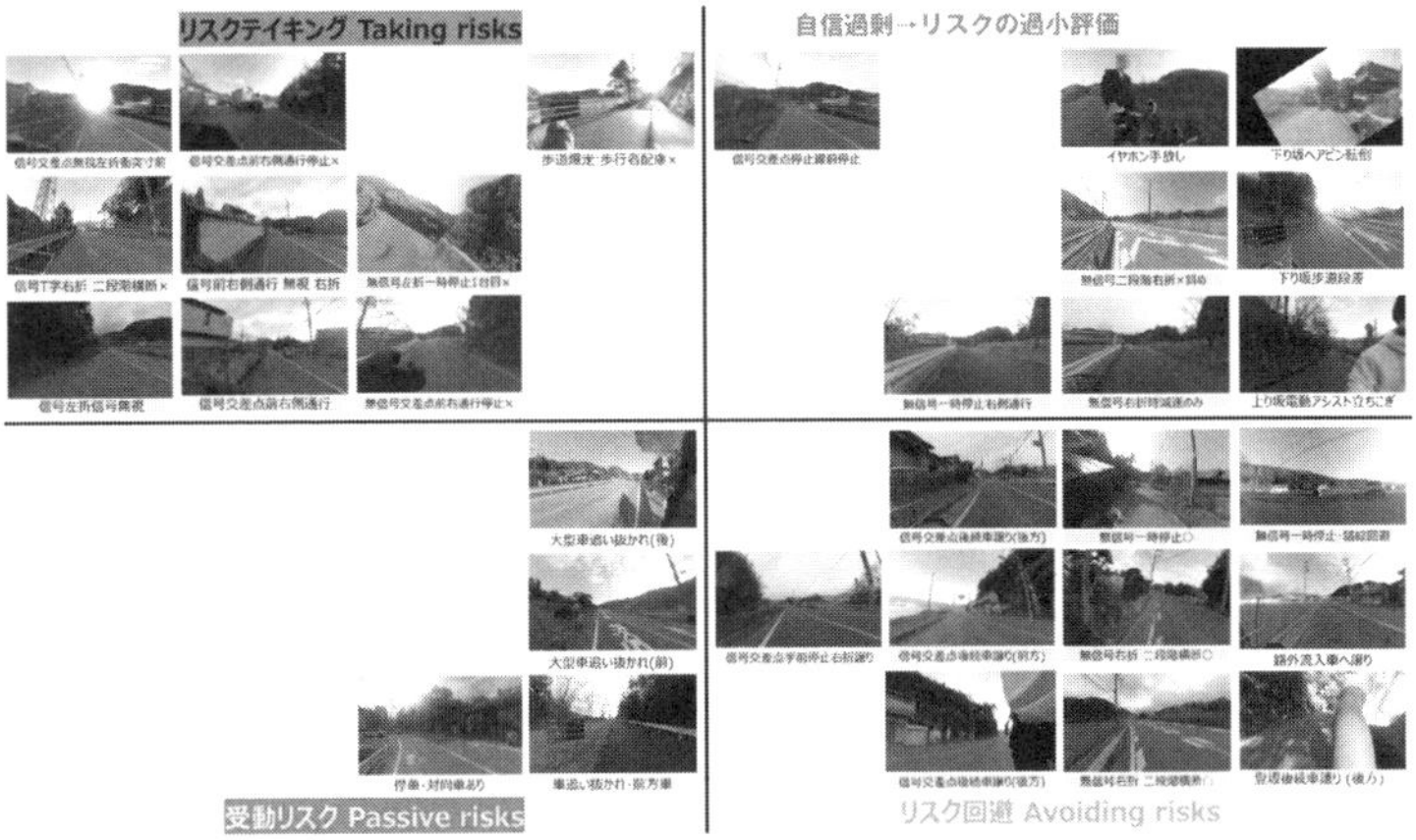

表 5-2　動画から抽出した自転車の運転行動②

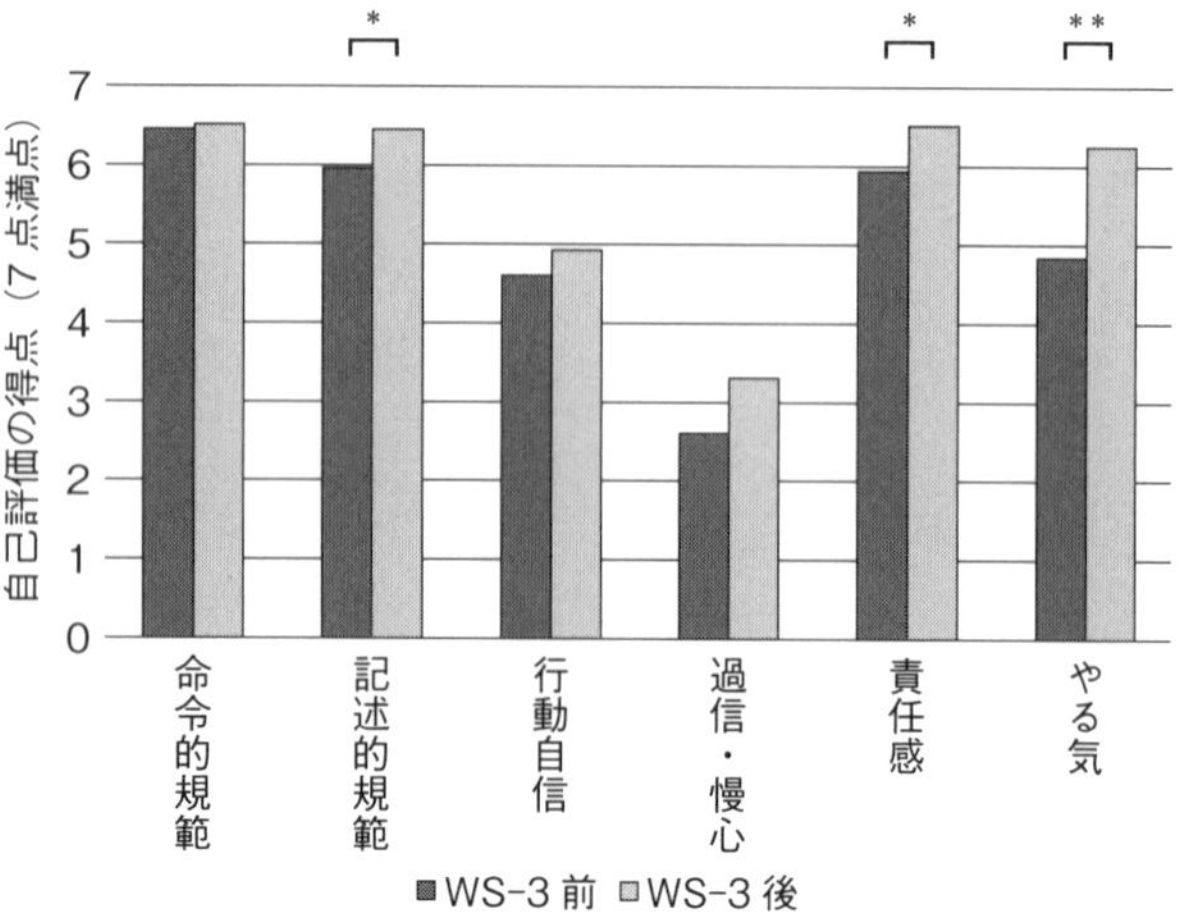

図5-2　探究的学習効果の三時点間比較

最後に大きな変化が見られたのは、危険回避行動の頻度であった。具体的には、「交差点で車の通行を優先させ、自動車による追越回数を減らす」行動であり、この行動はWSで望ましい行動として特定の生徒の行動を参加者全員に共有したものであった。これは、運転行動を意図的に少し変えるだけで、自動車との錯綜による不快を減らすことができることが望ましい行動と受けとめられ、類似の運転行動を自らも積極的に採用するように促されたためと考えられる。

11　内的要因のWS前後比較

内的要因の分類ごとのWS前後比較の結果を図5-2に示す。記述的規範・責任感・やる気に関して優位に点数が上昇しており、より安全側に変化していた。このことから、運転行動の動画を用いてWSにより運転行動の変化に関連する内的要因の変化も確認された。

12　探究的学習効果の分析

ＷＳ–４の実施期間中に行ったルーブリック評価を使っての三時点間の比較を行った（図５–３）。その結果、Engage, Engage, Explain は打合せ②から授業当日にかけて有意に数値が上昇していた。また、Engage, Explore, Explain の得点がいずれも交通安全授業後に高まっていた。以上より、生徒が積極的に交通安全授業に関わる一連のプロセスに参加（Engage）し、中学生の交通安全上の課題の設定とそれを改善するための方法を考え、資料を作成し（Explore）、成果発表として学習内容を中学生に上手に説明できた（Explain）と実感したためではないかと考えられる。

13　おわりに

本章では、高校生の自転車利用を対象に、ナチュラリスティックデータ等を用いて、交通安全教育の行動変容の過程を明らかにした。

交通行動の変化に関しては、一部の被験者の危険回避行動の上昇や、イヤホンしながら走行の改善、ヘルメットの着用の改善が見られた。これらは、周囲からの圧力・期待によるものと考えられる。また、過半数の生徒で登坂平均走行速度の低下と平均アシスト力の上昇が見られ、技能の獲得と

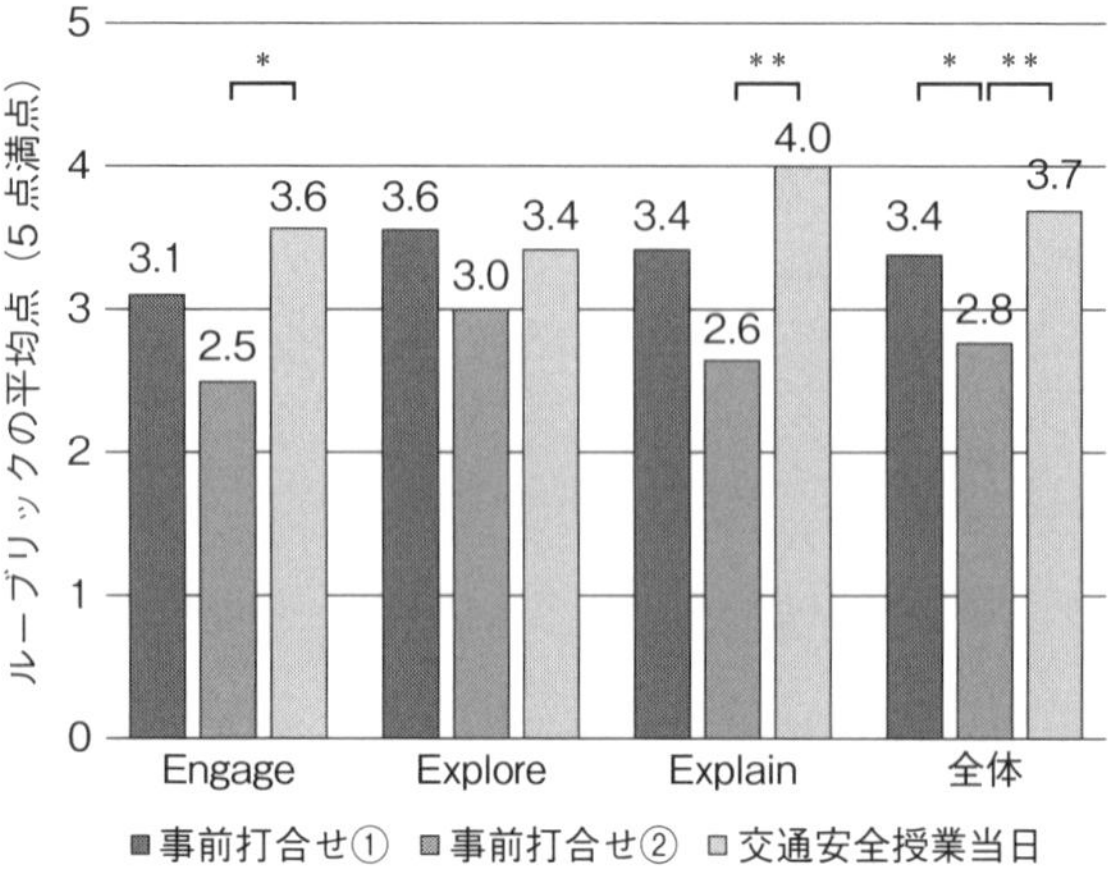

（打合せ①：n=8、打合せ②：n=11、交通安全授業当日：n=7、
*：5%有意、**：1%有意）

図 5-3　探究的学習効果の三時点間比較

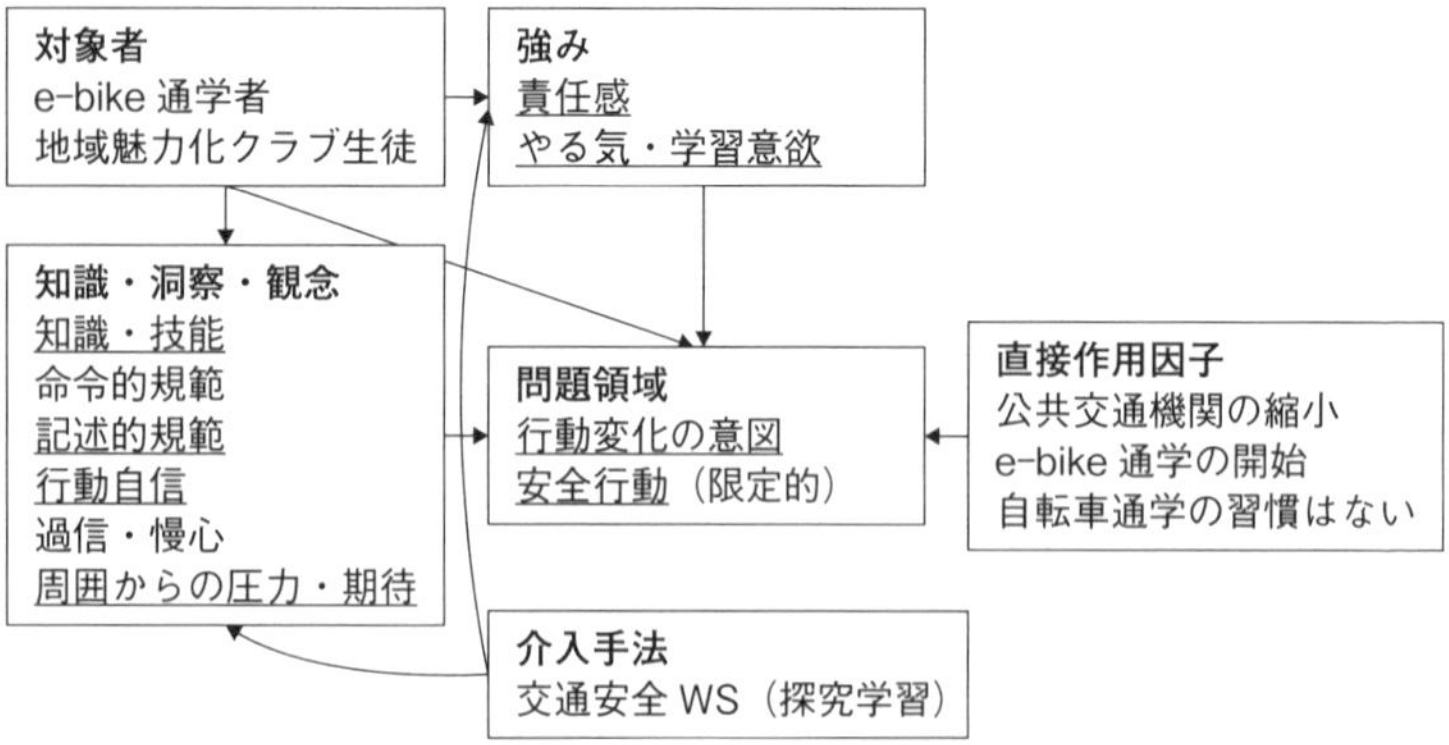

図 5-4　運転行動に影響を与えた要因

習慣化が確認された。

行動変容要因の分析では「行動変容の意図」を高める内的要因が「記述的規範」「責任感」「やる気」であることが分かった。また、探究的学習効果では、交通安全授業後の「Engage」「Explore」「Explain」が高まり、交通安全授業の一連のプロセスがやる気を高めるうえで効果があったと考えられる。これらの経験から、教育を受ける者の行動は、交通安全教育のプログラムの構成によって、内的要因とともに変化させることができることがわかった。今回の事例では、とくに、学校における学習・教育活動において、生徒に関わる客観的なデータを活用し、生徒が自ら考えて説明する過程を経ることで、期待以上の教育的効果を引き出せる可能性を示しており、今後、さらなる展開を期待したい。

参考文献

（1）国家公安委員会 交通安全教育指針、国家公安委員会告示第15号、平成10年9月22日、https://www.npa.go.jp/bureau/traffic/20230701shishin.pdf（最終閲覧日 ２０２４年２月２日）

（2）I. Ajzen：The Theory of Planned Behavior, Organizational Behavior and Human Decision Processes, Vol. 50, pp. 179–211, 1991.

（3）Torkel Bjørnskau, Nils Petter Gregersen, Anders Isnes, Tori Grytli, Bård Morten Johansen and Kristin Eli Strømme：“The Norwegian Council for Road Safety’s model for behaviour modification”, The Norwegian Counsil for Road Safety, 2017.

（4）新井邦二郎 交通安全教育の評価、国際交通安全学会誌、Vol. 27, No. 1, pp. 54–61, 2001.
（5）文部科学省 効果的な交通安全教育に関する調査研究調査報告書、2014.
（6）小竹雄介、日野泰雄、吉田長裕 児童生徒の自転車利用意識と交通安全教育の課題に関する調査研究、土木学会論文集Ｄ３（土木計画学）、Vol. 68, No. 5（土木計画学研究・論文集第29巻）、I_1185–I_1191.
（7）合田美子 教育工学的アプローチによる自動運転の高度化に即した交通安全教育方法、IATSS Review, Vol. 28, No. 1, 2023.
（8）中西盟 自転車教育、IATSS Review, Vol. 41, No. 2, 2016.
（9）太田博雄 ASV 開発への交通心理学からの提案、国際交通安全学会誌、Vol. 36, No. 1, 2011.
（10）中村敦、大森宣暁、原田昇 小学生を対象とした自転車交通安全教育とその効果に関する研究、日本都市計画学会、都市計画論文、No. 41–3, pp. 583–588, 2006.
（11）金井昌信、片田敏孝、大橋啓造 高校生を対象とした交通ハザードマップを用いた交通安全教育の効果と課題、土木計画学研究・論文集、No. 23 No. 4, pp.1001–1010, 2006.
（12）西内裕晶、川崎智也、轟朝幸、牧野悠輔 中学生を対象としたスケアード・ストレイト的自転車交通安全教育が安全意識に与える影響に関する一考察、土木学会論文集Ｄ３（土木計画学）、Vol. 72, No. 5（土木計画学研究・論文集第33巻）、I_1177–I_1185, 2016.
（13）菊池輝、小川和久、只野健一 中学生のためのミラーリング自転車安全教育プログラムの効果測定、第38回交通工学研究発表会論文集（研究論文）、pp. 19–22, 2018.
（14）森田哲夫、小林光希、塚田伸也、松田拓也 高校生の交通安全教育の実践と交通安全意識に関する研究、交通工学論文集、第７巻第４号、A_15–A_24, 2021.
（15）Colin Macarthur, Patricia C Parkin, Malak Sidky, Will Wallace：Evaluation of a Bicycle Skills Training

program for young children: A randomized controlled trial, Injury Prevention Vol. 4, pp. 116–121, 1998.

(16) Karen McLaughlin, A. Glang：The Effectiveness of a Bicycle Safety Program for Improving Safety-Related Knowledge and Behavior in Young Elementary Students, Journal of Pediatric Psychology, Vol. 35, No. 4, pp. 343–353, 2010.

(17) Jonathan Hooshmand, Gillian Hotz, Valerie Neilson, Lauren Chandler：BikeSafe: Evaluating a bicycle safety program for middle school aged children, Accident Analysis and Prevention, Vol. 66, pp.182–186, 2014.

(18) 大森宣暁、岡安理夏、長田哲平、青野貞康 子ども乗せ自転車利用環境改善のための情報提供および安全教育の効果—態度・行動変容理論に基づく評価—、都市計画論文集、Vol. 53, pp. 1420–1426, 2018.

(19) Vilius Floreskul, Kristina Zardeckait e-Matulaitiene, Aukse Endriulaitiene, Laura Seibokaite：Effectiveness of pre-driver education programme for high school students Application of Theory of Planned Behaviour on road risk taking behaviour, Journal of Behavior, Health & Social, Issues 8, pp. 8–16, 2017.

(20) Hongtai Yang, Xiaohan Liu, Fan Su, Christopher Cherry, Yugang Liu, Yanlai Li：Predicting e-bike users, intention to run the red light: An application and extension of the theory of planned behavior, Transportation Research Part F, Vol. 58, pp. 282–291, 2018.

(21) Vahid Ranaei, Alireza Shahab Jahanlu, Laleh Hassani, Ghodratollah Roshanaei, Kristin Haglund, Jagnoor Jagnoor, Forouzan Rezapur Shahkolaei：Beliefs about Safe Traffic Behaviors among Male High School Students in Hamadan, Iran: A Qualitative Study Based on the Theory of Planned Behavior, The Qualitative Report 2022, Vol. 27, No. 5, pp.1175–1192, 2022.

(22) Sandra Mandic, Charlotte Flaherty, Jennifer S. Mindell, Enrique García Bengoechea：Adolescents, perceptions of long-term effects of cycle skills training, Journal of Road Safety, Vol. 33, Issue 4, pp. 5–20, 2022.

(23) Stéphane Espiéa, Abderrahmane Boubezoul, Samuel Aupetit, Samir Bouaziz：Data collection and processing tools for naturalistic study of powered two-wheelers users, behaviours, Accident Analysis & Prevention, Vol. 58, pp. 330–339, 2013.

(24) Marco Dozza, Julia Werneke：Introducing naturalistic cycling data: What factors influence bicyclists, safety in the real world?, Transportation Research Part F, Vol. 24, pp. 83–91, 2014.

(25) K. Schleinitz, T. Petzoldt, L. Franke-Bartholdt, J. Krems, T. Gehlert：The German Naturalistic Cycling Study – Comparing cycling speed of riders of different e-bikes and conventional bicycles, Safety Science, Vol. 92, pp. 290–297, 2017.

(26) P. Huertas-Leyva, M. Dozza, N. Baldanzini：Investigating cycling kinematics and braking maneuvers in the real world e-bikes make cyclists move faster, brake harder, and experience new conflicts, Transportation Research Part F, Vol. 54, pp. 211–222, 2018.

(27) Frank Westerhuis, Dick de Waard：Using Commercial GPS Action Cameras for Gathering Naturalistic Cycling Data, Journal of the Society of Instrument and Control Engineers, Vol. 55, pp. 422–430, 2016.

(28) Louise Gustafsson, Jeffery Archer：A naturalistic study of commuter cyclists in the greater Stockholm area, Accident Analysis and Prevention, Vol. 58, pp. 286–298, 2013.

(29) Nagahiro Yoshida, Toshiki Koyanagi：Empirical analysis of hazard perception and driving behaviors among high school and college students on motorcycles in Phnom Penh, Cambodia, IATSS Research,

Vol. 42, pp. 171–179, 2018.
（30） J. Hatfield, M. Dozza, D. A. Patton,P. Maharaj, S. Boufous, T. Eveston：On the use of naturalistic methods to examine safety-relevant behaviours amongst children and evaluate a cycling education program, Accident Analysis and Prevention, Vol. 108, pp. 91–99, 2017.
（31） 内閣府 自転車の安全利用の促進について、中央交通安全対策会議、交通対策本部決定、令和４年11月１日、https://www8.cao.go.jp/koutu/taisaku/bicycle/bicycle_r04.html（最終閲覧日 ２０２４年２月２日）
（32） YAMAHA ｅ−Ｂｉｋｅってナニ?、https://www.yamaha-motor.co.jp/pas/e-bike/basis/0001.html（最終閲覧日 ２０２４年２月２日）
（33） Jinhua She, Hitoshi Nakamura1, Koji Makino, Yasuhiro Ohyama, Hiroshi Hashimoto：Selection of Suitable Maximum-heart-rate Formulas for Use with Karvonen Formula to Calculate Exercise Intensity, International Journal of Automation and Computing, Vol. 12, No. 1, pp. 62–69, 2015.
（34） JAF「実写版」危険予知・事故回避トレーニング、https://jaf.or.jp/common/safety-drive/online-training/risk-prediction（最終閲覧日 ２０２４年２月２日）
（35） 小関貴徳、小山真紀、高木朗義、能島暢呂、村岡治道 基礎レベル地域防災人材育成講座向けルーブリックの作成と評価、地域安全学会論文集、No. 27, pp. 269–277, 2020.
（36） 関西大学 ルーブリックの使い方ガイド、https://www.kansai-u.ac.jp/ap/activity/images/rublic_guide_faculty.pdf（最終閲覧日 ２０２４年２月２日）
（37） 文部科学省 学習評価の在り方について、https://www.mext.go.jp/b_menu/shingi/chousa/shotou/112/shiryo/__icsFiles/afieldfile/2016/06/06/1371753_10.pdf（最終閲覧日 ２０２４年２月２日）

第6章　高校生との協創的教育による自己効力感と行動意欲

葉　健人

地域交通の維持が困難となる過疎地域では、ステークホルダー同士の横断的視点で幅広い議論に基づく、まちづくりと連携した協創的な移動手段の確保が重要視されつつある。とくに、運転免許を持たない当事者として若者（今回のケースでは高校生たち）が主体的に課題解決に取り組むことは意義深いが、現実的にはさまざまな困難がある。

そうした状況を改善すべく、第3章で紹介したように、能勢分校では新たな通学手段（e-bike）の提供を含む大人との協創の取り組みを行った。この取り組みは社会課題を解決することに加え、本章で紹介するように高校生の成長につながる協創型教育とも位置づけられる。本章では、能勢分校の生徒たちが本プロジェクトに参加したことによって、交通安全、地域交通、地域課題に関して、どのように自己効力感や行動意欲を向上させることができたのかを分析した。

なお、本章は、本書の3章で展開した議論のベースとなった研究である。そのため、一部の議論は、第3章の議論と重複することをお許しいただきたい。

はじめに

少子高齢化が進むわが国では、過疎地域を中心に大都市縁辺部までも公共交通の減便・廃止が続き、生活を支える交通の維持が困難となっている。このような状況に対し、法令に基づく公的な協議体での専門的な議論を基に、行政などが公共性の高い交通の維持を目的とするトップダウン的取り組みが見られる。しかし、行政のリソースにも限界があるため、行政以外のステークホルダーを巻き込む必要性が高まっているとともに、長期的な住民生活の維持やまちづくりなどの横断的視点による幅広い議論が交通分野でも求められている。

このような観点のもと、公共交通の受益者負担に関わる議論[1]や住民主体型[2]あるいは参加型[3]の交通の導入も見られており、関連する研究も多くなされている。後者に関しては運転免許を有する住民が、運転が困難な交通弱者、とくに高齢者を運ぶなどの事例が散見される。

一方で、運転ができない／困難な中学や高校の生徒も同様に交通弱者という当事者であり、重要なステークホルダーとなり得る。多くの場合、生徒は利用促進の対象者となりモビリティ・マネジメント（MM）などが行われてきた[4]。過疎地域や中山間地域では人的リソースも乏しいことから地域のリソースを最大限活用するという観点で、生徒も重要な主体である。例は少ないながらも、高校生がバスマップを作成するなどの主体的な取り組みが見られる[5]。

他方、まちづくりの分野では、地域の活性化やＳＤＧｓの達成などに向け高校生が主体的に参加する事例も数多く見られる。また、これらの活動を通じ「人間理解」、「体験」、「自己発見」、「イメージ」学習に資することが指摘[6]されており、高校生が参加することへの地域への効果、本人への教育効果が認められつつある。

多様な効果が期待されるものの、現実の高校生にとって正課・課外ともに多くの時間が割かれるなかで、主体的に活動へ参加することは負担がある。そこで、本章では実際の地域交通が抱える課題の解決に向けた協創的な教育を実施するとともに、参加する高校生の主体的な意識・行動の変容の検証を行う。教育・心理学の分野では、意識・行動変容のために、目的達成に向けてうまく行動できると認知する自己効力感の向上や快感情の重要性が指摘[7][8]されており、本研究においても自己効力感および地域課題に対する態度に着目する。なお、自己効力感については、利用可能なモビリティの拡大によって高まること[9]や、幸福度の向上とも関連づけられており[10]近年注目が集まっている。

また、本章は地域交通の観点から実施したものであり、交通安全教育およびその効果測定に関する成果は含まれていないことに留意されたい。

1　先行研究の整理と本研究の位置づけ

(1) 交通に関わる問題と意識・行動変容

わが国でも多くの地域で、公共交通の利用促進が進められている。とくに若者に対するMMに関して、高橋ら[11]は交通教育を通した公共交通の重要性の認識の変化を分析しているほか、松村ら[12]は自動車利用者に比べてバス利用者が地域愛着を持つことを示し、利用者としての意識変容を捉えている。

一方で、交通安全教育の分野では生徒が安全を確保する当事者であり、歩行者・自転車利用者として被害者にもなり得る。宮崎・久保田[13]のように生徒との協創による活動は多く見られる。また、森田ら[14]、松村ら[15]、金井ら[16]により生徒への交通安全教育による交通安全意識や行動意図の改善が確認されている。小川[17]は児童生徒への効果的な交通安全教育の普及スキームを構築した。さらに、Chouら[18]はASEAN地域における二輪車に関する安全教育プログラムへの参加により、自己効力感が向上し、他者視点を獲得することによる安全意識の向上を検証した。
教育や啓発活動によって、公共交通の利用者や安全の文脈における道路利用者としての意識や行動の変容が検証されているものの、地域の課題としての交通課題を解決する主体としての意識や行動変容にまで踏み込んだ検証は行われていない。

（2）自己効力感を考慮した行動変容モデル

自己効力感とは、Albert Banduraが提唱した概念[9][19]であり、ある達成をするために必要な行動方針を計画して、実行する能力についての信念（効力信念：efficacy belief）の強さを示す。これを高めるための方法としては、「直接的達成経験」「代理的経験」「言語的説得」「生理的・情動的喚起」の4つのアプローチが挙げられている。また、Banduraは自己効力感の他に、人、行動および社会的環境は相互に影響を及ぼしあうといった三者相互作用（相互決定論）も提唱しており、これらに観察による学び、結果への期待を含めて、社会的認知理論としている。

これらの行動変容理論を応用したものとして、Lenteらによる社会認知的キャリア理論[20]や、多理論統合モデル[21]が挙げられる。社会認知的キャリア理論（SCCT）では、図6-1に示す通り、三者相互作用に基づく、個人的要因（人）と社会的な要因（環境）、学習経験（行動）により、自分にはできると思える感覚である自己効力感と、行動の結果に対する期待感を指す結果期待の意識が向上し行動が変わることを表現した。この行動変容モデルについて、近年では運動による快感情の影響が重視されており、とくにコロナ禍以降、不安軽減の面で注目が集まる。

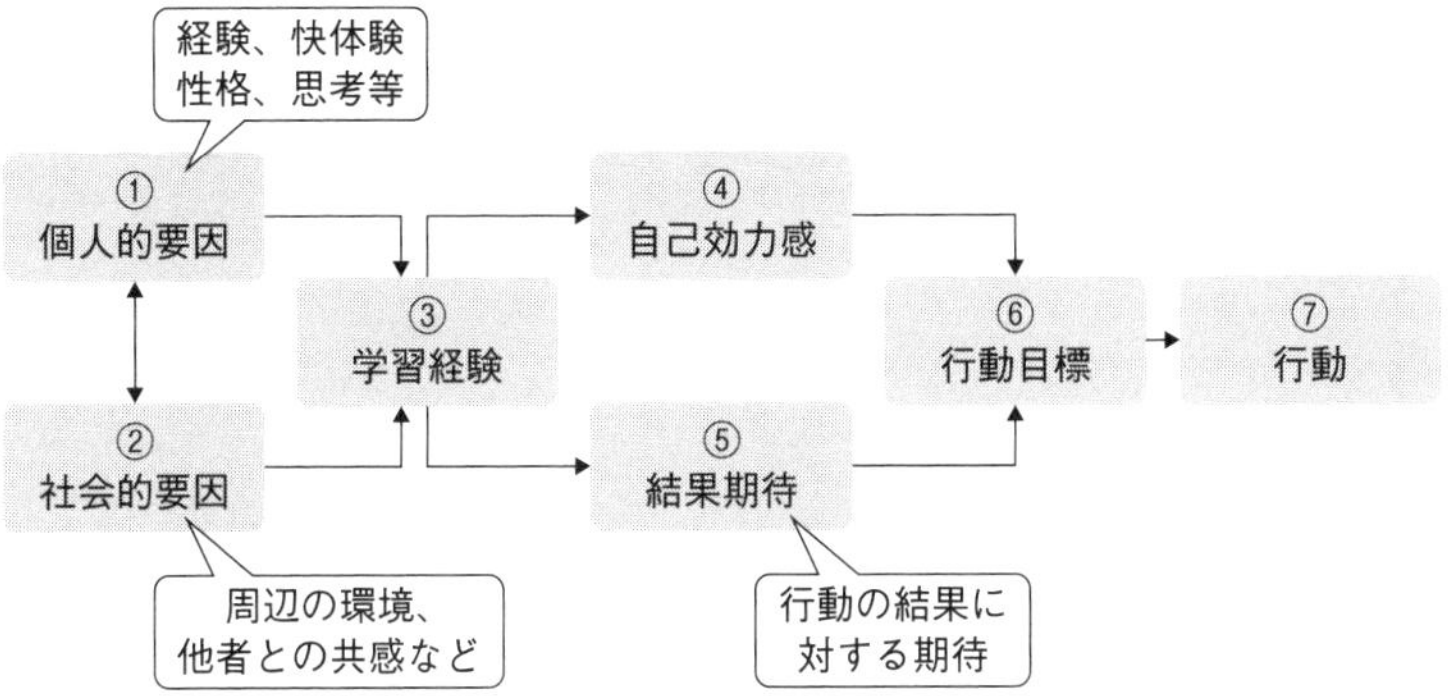

図 6-1　社会認知的キャリア理論（SCCT）

（3）地域、交通分野での行動変容モデルの適用

大友ら[22]は、自己効力感が他者やコミュニティと協働する教育における問題解決能力の成長に不可欠であることを指摘している。吉永ら[23]が防災教育に関するワークショップにおいて、同世代の発表は身近な代理経験として作用し、自己効力感が強化されることを示した。また、訓練を通して、実際の避難行動の困難さを実感することによる危機意識の醸成、防災に対する自己効力感が向上することを明らかにした。また、鈴木ら[24]が、市民性の育成、社会づくりの行動意欲の向上には、市民活動へ参加し地域課題や社会問題に知ることが重要であることを明らかにしている。このほかに谷田[25]も自己効力感と行動変容の関係を明らかにしている。

しかし、自己効力感向上の要因を行動変容まで検証しているものは乏しい。また、オランダやドイツでは教育学的な視点から、役割取得能力[26][27]を獲得するための教育と関連づけながら交通教育がカリキュラム内に位置づけられている[28][29]。これらを整理し、Fatemeh Bakhtari Aghdam ら[30]はイランの交通教育の在り方を検討し、高校生を含めた若者への交通教育の重要性が世界的に見ても高いこと、未成年に対して指導を行う者として、テレビ・教師・家族などなじみ深い人やモノからの指導が重要であること、指導方法としてもシミュレータ、ゲーム、実地のフィールドワーク、ワークショップなど実践的な方法が重要であることを指摘している。

交通に関する教育による意識変容の検証は散見されるものの、交通課題の解決のため、若者が地域の一員として参加し、協働する事例およびその過程における意識変容を分析した例は乏しい。そこで本研究ではこのSCCT理論を参考とし、通学における新たな移動体験がもたらす自己効力感や意識・行動の変容と、協創的な交通教育の実施と移動体験が地域・交通課題への意識・行動の変容にもたらす影響を明らかにすることを目的とする。

2　交通に関する協創的な教育の概要とその狙い

(1) 対象とする協創的な教育の概要（一部、第3章の再掲）

本章が対象とするのは、第3章で紹介したWS①②である。第3章の繰り返しになるが、現在の能勢町での地域交通や通学に関する課題の解決につながる具体的な行動を最終目標に、高校生が主体となるワークショップを展開した。このことで行政や地域住民との協働を目指す実践的な教育内容ともなっている。その概要を表6-1に示す。ワークショップへの参加者は能勢分校にて地域の魅力向上のために活動する地域魅力化クラブの生徒およびプロジェクトにてe-bikeを貸与され日常的に利用している生徒である。

表6-1　交通インフラWSの実施概要

WS実施日	WS① 2022年1月17日 WS② 2022年7月14日
WSの目的	町内のe-bike利用環境の課題・魅力の発見・再発見を行いとグループ内で共有し、町内の自転車利用環境の改善策を提案する。
WSの内容	前半：通学路の危険・魅力の共有と更なる危険・魅力の深堀り 後半：前半を踏まえて、通学路をより安全に楽しくするための方策の検討
参加対象	豊中高校能勢分校の地域魅力化クラブの部員およびプロジェクトにてe-bikeを貸与された者（計WS① 13名、WS② 15名）

これらワークショップではe-bikeによる新たな移動体験と協創的な交通教育による地域・交通課題への意識・行動の変容の検証を狙うため、行動変容モデルのSCCT理論[2]を参考に進め方・内容を工夫した。

まず、1回目のワークショップ（WS①）に関しては、WS前に高校生自身がe-bikeや自転車を利用した通学時に危険と感じた点、魅力を感じた点を事前課題として整理し、体験・経験のアウトプット（表出と表現）することによる個人的要因の自己認知を狙った。ワークショップでは、参加した高校生を5人程度のグループに分けた。ワークショップの前半では事前課題の内容を共有するとともに、地域内における通学時の危険・魅力の再発見を行った。これは、自己効力感の向上に必要とされる、直接的あるいは代理的な経験を得たうえで、現状を再認識するためである。そして、グループワークの後半では、安全かつ楽しく通学するための道路インフラの改善策を議論・検討した。

次に、2回目のワークショップ（WS②）についても、同様の流れでワークショップを行ったが、グループのメンバーに町内の道路環境を知る町役場職員および交通安全を専門とする大学教員が参加したこと、年度をまたいでから開催したため、新しく高校1年生が参加し、高校生だけで行ったWS①とは参加者が異なる。また、ワークショップの前半と後半でグループのメンバーを変えることで、後半のワークでは異なる議論を経験したメンバーが議論を行うように工夫した。さらに、後半の道路インフラの改善の検討にあたっては、施策や取り組みを実施する主体をいくつか想定し、その主体ごとに提案を整理した。加えて、自身以外へと視点を広げること、および行動の結果に対する期待感（結果期待）の向上を狙うため、予めWSの成果を町役場報告することを伝えた。このことにより、WSの成果が社会を変えることを予感させるとともに、地域の一員としての実感を得ることを促した。

（3）意識変化調査の概要

基準状態としてのプロジェクト開始前（二〇二一年八月二十一日）および、それぞれのワークショップの前後に、ワークショップへ参加する生徒へ意識調査を行い、e-bikeや自転車の利用や能勢町の公共交通や地域課題への意識・行動の変化を把握した。調査の概要は表6-2のとおりであり計6回実施した。なお、最後に実施したWS③前（二〇二二年十二月六日〜十二日）に実施した調査は、WS②後に意識が継続しているかを検証するために実施しており、本章ではWS③そのものについては扱わない。

表 6-2　調査概要

調査目的	e-bike PJ 参加による「e-bike/ 自転車の利用」や「能勢町の公共交通 / 地域課題」など意識変化を把握する。		
調査対象	調査時点での e-bike 使用者、地域魅力化クラブの部員		
調査時期と回答数（n = 94）	PJ 開始前	2021/8/21	（n = 11）
	WS ①前	2021/12/24〜2022/1/16	（n = 13）
	WS ①後	2022/1/17〜2/3	（n = 13）
	WS ②前	2022/6/28〜7/7	（n = 19）
	WS ②後	2022/7/14〜7/21	（n = 19）
	WS ③前	2022/12/6〜12/12	（n = 19）

3　協創的な交通教育による意識変容

（1）参加期間によるe-bike利用意識の差異

ＷＳ①は二〇二一年度、ＷＳ②は二〇二二年度に実施しており、二〇二二年度から参加した高校生は、ＷＳ①には参加していない。この状況を活かし、ＷＳ①に参加していた高校生と、これよりもプロジェクトへの参加期間が短いＷＳ②のみに参加した高校生の意識の差を確認した。ここでは、ｅ‐ｂｉｋｅの利用に関する、ＳＣＣＴ理論における結果期待、自己効力感、行動意欲と近年注目されている個人的要因のひとつである快感情に関する設問について、ＷＳ②終了時の回答を比較し、図６‐２の通り示す。この結果、ＷＳ①の参加者とＷＳ②から初めて参加した方との間に一定の有意な差を確認し、プロジェクトへの参加期間が長い回答者の意識が比較的高い結果となった。

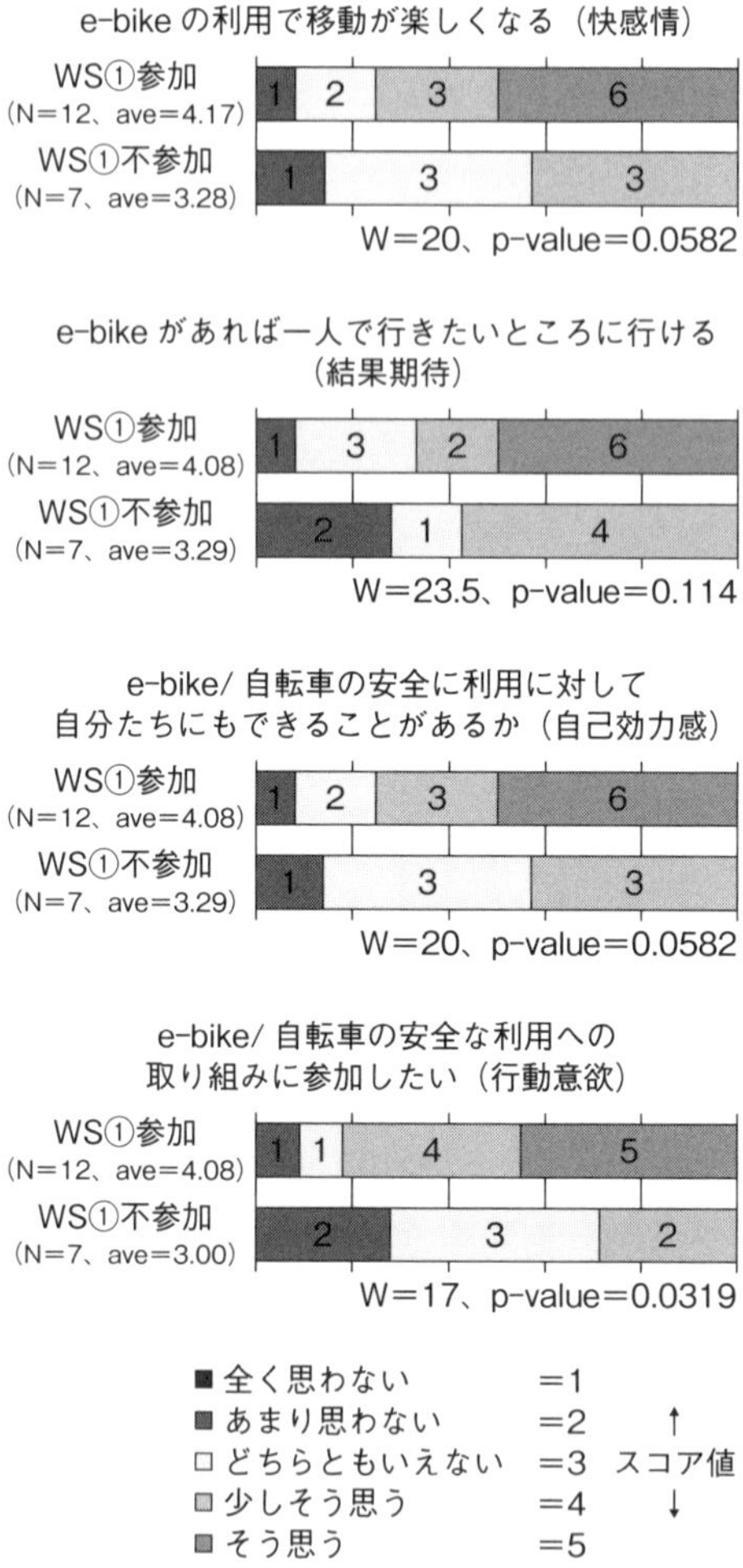

図6-2　参加期間によるe-bike利用意識の差異

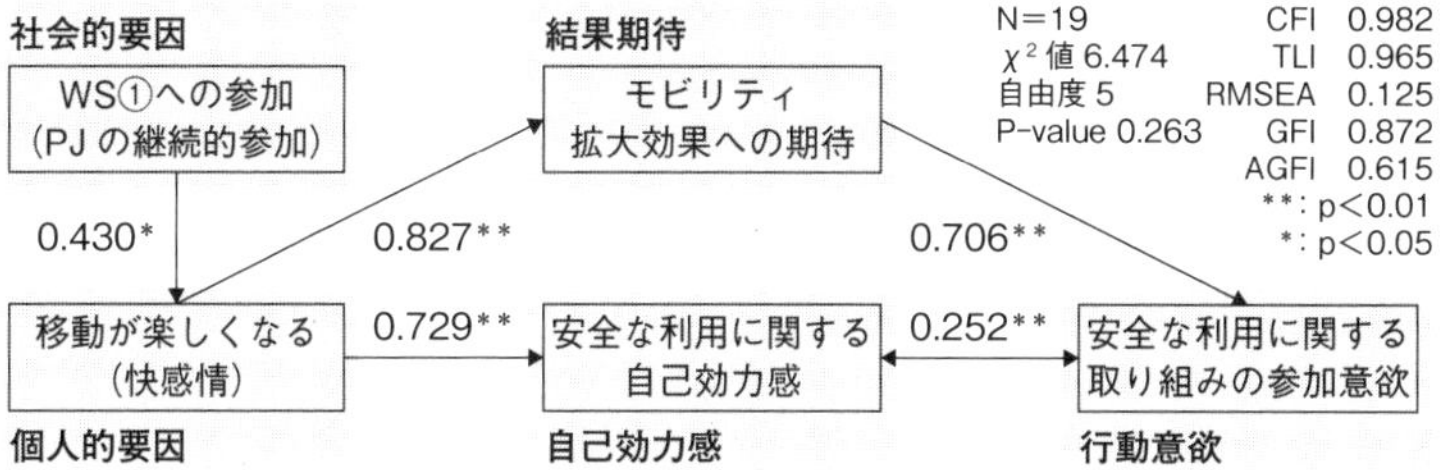

図 6-3　WS 参加による意識変容モデル

(2) e-bike利用有無でのe-bike利用意識の差異

e-bikeの利用に関する意識の関係性を確認するためにWS②後の調査結果に基づき、パス解析（項目間の相関関係を示す統計的な分析手法）を実施したところ、移動体験による意識変容モデルとして統計的にある程度適合している図6-3のパス図が得られた。このパス図から、WS①への参加したつまり、プロジェクト参加期間が長いことが、e-bikeによる移動が楽しくなるという快感情に繋がることを確認した。そして、この快感情が安全なe-bikeの利用ができるという自己効力感の向上、e-bike利用によるモビリティが拡大する事への期待に繋がり、ワークショップで行ったようなe-bikeの安全な利用に関する取り組みへの参加意欲が高まるという関係性が示された。このことは、先述のSCCT理論の行動変容モデルと近しい、社会的要因と個人的要因により、自己効力感と結果期待の向上が見られ、それらが行動意欲の向上につながることが確認された。

表6-3　地域・交通課題への意識の因子分析

設問	共通因子		独自因子
	町の課題に対する関心・取り組み意欲	町の交通課題に対する関心・解決への自信	
地域の活性化への関心	0.987	−0.031	0.046
地域課題についての学習意欲	0.902	−0.087	0.235
地域課題解決への行動意欲	0.726	0.178	0.350
移動手段の課題への関心	0.407	0.425	0.533
移動手段の課題解決への自己効力感	0.400	0.429	0.530
e-bikeによる一人で可能な移動範囲の拡大	−0.043	0.941	0.142
寄与	2.759	1.406	
因子寄与率	0.460	0.234	
累積寄与率	0.460	0.694	

（3）ワークショップを通じた地域・交通の課題に対する意識に基づく参加者のグループ化

プロジェクト開始前の調査からWS③実施前までに実施した計6回のアンケート調査で尋ねた、地域・交通課題への意識に関する6つの設問に対し、因子分析（個別回答の背後にある潜在的な因子を見出す統計手法）を適用した。その結果、表6-3のように「町の課題に対する関心・取り組み意欲」「町の交通課題に対する関心・解決への自信」という2つの因子が得られた。各時点での参加した生徒の因子得点を算出し、散布図にプロットしたところ、図6-4を得た。すなわち、図6-4中の各点は、ある時点のある参加者の、横軸――「町の課題に対する関心・取り組み意欲」縦軸――「町の交通課題に対する関心・解決への自信」の位置づけを表す。

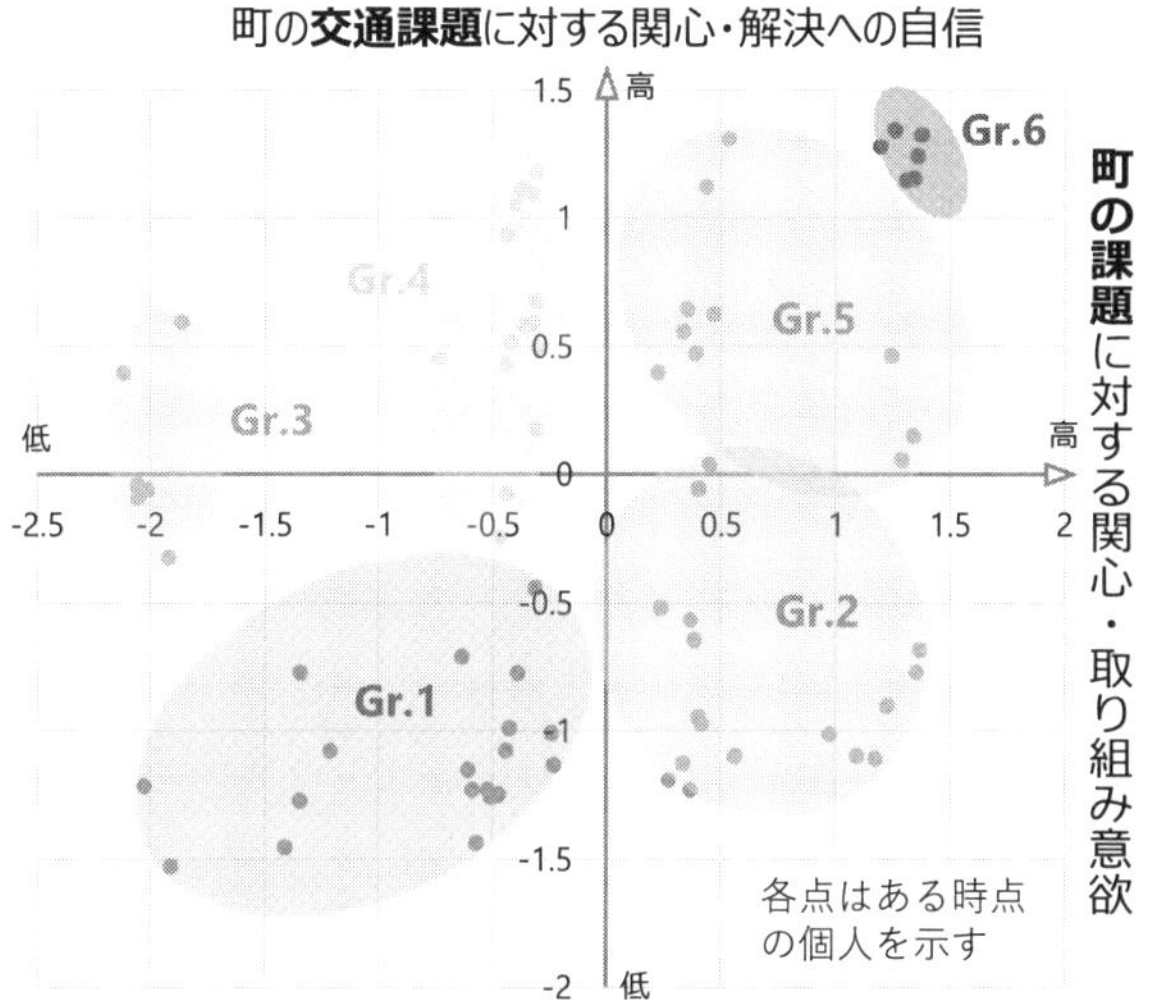

グループ	グループの特徴	該当数	ユニーク率
Gr. 1	町・交通双方への意識が低い	22	50%
Gr. 2	町への意識は高いが、交通への意識は低い	24	50%
Gr. 3	町への意識は低いが交通への意識は中程度	5	80%
Gr. 4	町への意識は中程度だが交通への意識は高い	17	65%
Gr. 5	町・交通双方への意識が高い	15	47%
Gr. 6	町・交通双方への意識が非常に高い	11	73%

総回答数：94
ユニークサンプル：22
うち、
1 回のみの回答：2
時系列でクラスターが変わった：18
時系列でクラスターが変わらなかった：2
└→いずれも、3 回の調査とも Gr. 2 に分類

※ユニーク率：
クラスターを構成する
ユニークサンプル数を
回答数で割った率

図 6-4　交通・地域課題に関する因子得点の分布と参加者のグループ

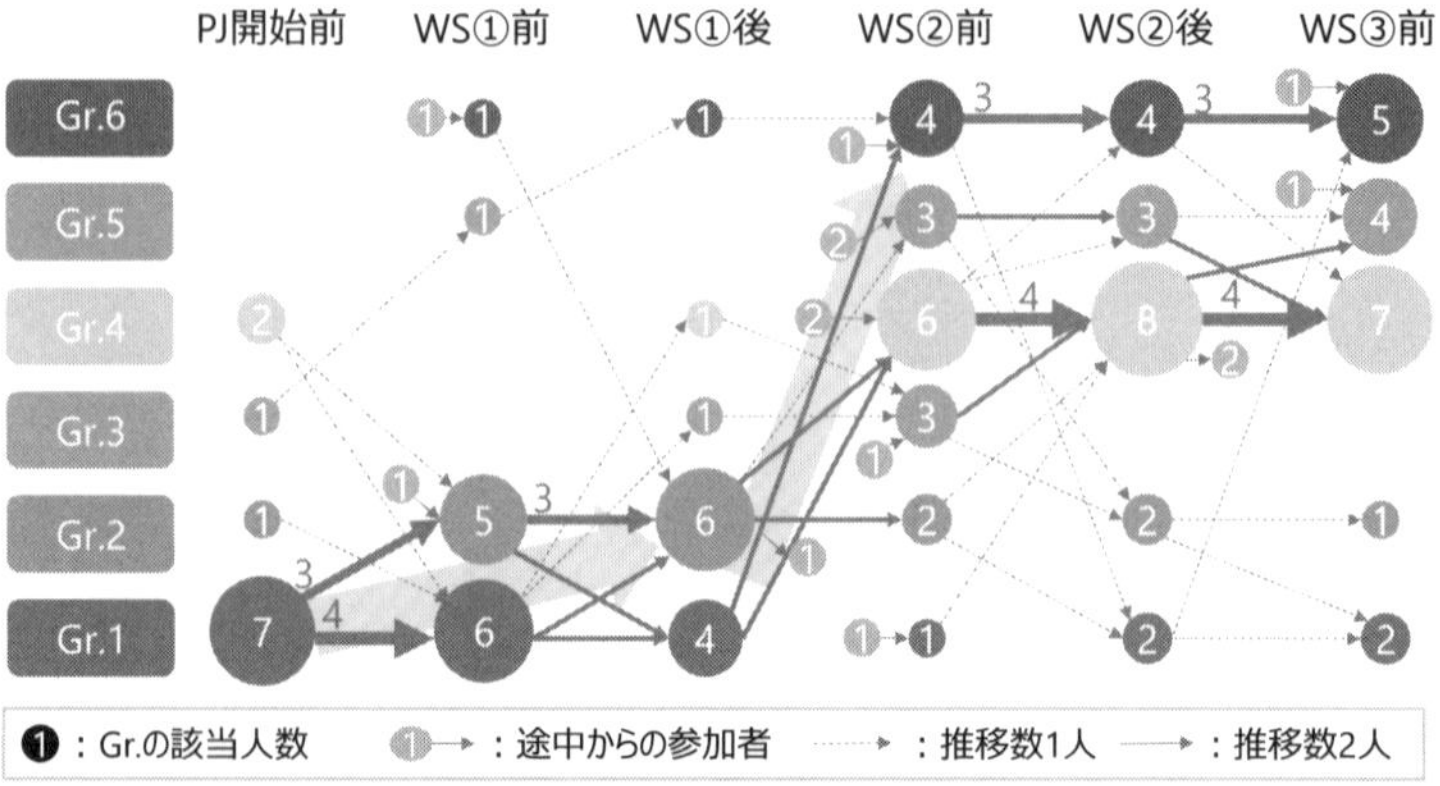

図 6-5　各個人のグループの推移

この結果に対し、クラスター分析（似たデータ同士をグループに分ける統計手法）を適用したところ、Gr.（グループ）1から6に分けることができた。Gr. 1は、町の課題に対する関心・取り組み意欲、町の交通課題に対する関心・解決への自信がともに相対的に低いグループを、Gr. 2は町の交通課題に対する関心・解決への自信が低く、町の課題に対する関心・取り組み意欲が少し高いグループを、Gr. 3は町の交通課題に対する関心・解決への自信が低いグループを表している。他方、Gr. 4は町の交通課題に対する関心・解決への自信が高く、Gr. 5、Gr. 6は町の課題に対する関心・取り組み意欲、町の交通課題に対する関心・解決への自信がともに高いグループを示している。また、ユニーク率は時点に関わらず、各グループに何人の個人が該当しているかを表している。この結果から、あるグループがすべて同一の個人であることは確認されておらず、複数人によってグループが形成されている、つまり個人の該当するグループがある程度推移していることが示唆された。

（4）地域・交通の課題意識の時系列変化

各個人の意識変化の傾向を把握するため、時系列のグループの推移を個人単位で追い、これを集計した結果を図示した（図6-6）。図中の丸の中の数字はそれぞれのグループに該当する人数を表し、右に行くにつれて時間が経つことを示し、矢印は人数の推移を表す。プロジェクト開始前はGr.1が7人と最も多く、当初は町や町の交通の交通に対する関心などが低いことがわかる。WS①終了後はGr.2が6人と増加し、町の課題に対する関心や取り組み意識が高まっていることが確認できた。

そして、二〇二二年度になりWS②の前になるとGr.4、Gr.5、Gr.6の人数が急激に増加した。これは、他の章でも説明されているように、WS①からWS②の前までにインストラクターによる安全運転講習や上級生が下級生へ安全運転講習を行う、二〇二二年度に実施するワークショップの内容を説明し意識の向上が図られるなど、ワークショップ以外にも様々な取り組みや、先輩と後輩とのコミュニケーションの影響があったものと考えられる。

地域・交通への意識に関する因子得点ついて、プロジェクトの参加時期（最初から、または二〇二二年度から参加）別に調査ごとに平均値を算出し、図6-6のように示した。最初からの参加者は当初は地域・交通への意識が双方とも低かったものの、継続的なプロジェクトへの参加を通して、大幅に意識が向上している。一方で、二〇二二年度からの参加者は、参加当初から交通に対する意識が比較的高く、プロジェクトの参加により地域への意識についても向上が見られた。つまり、プロジェクトの参加時期に依らず、両者の意識の向上が見られ、一定の効果が確認された。二〇二二年度からプロジェクトに参加した生徒はWS②前での交通への意識が高く、WS③前の時点で意識が向

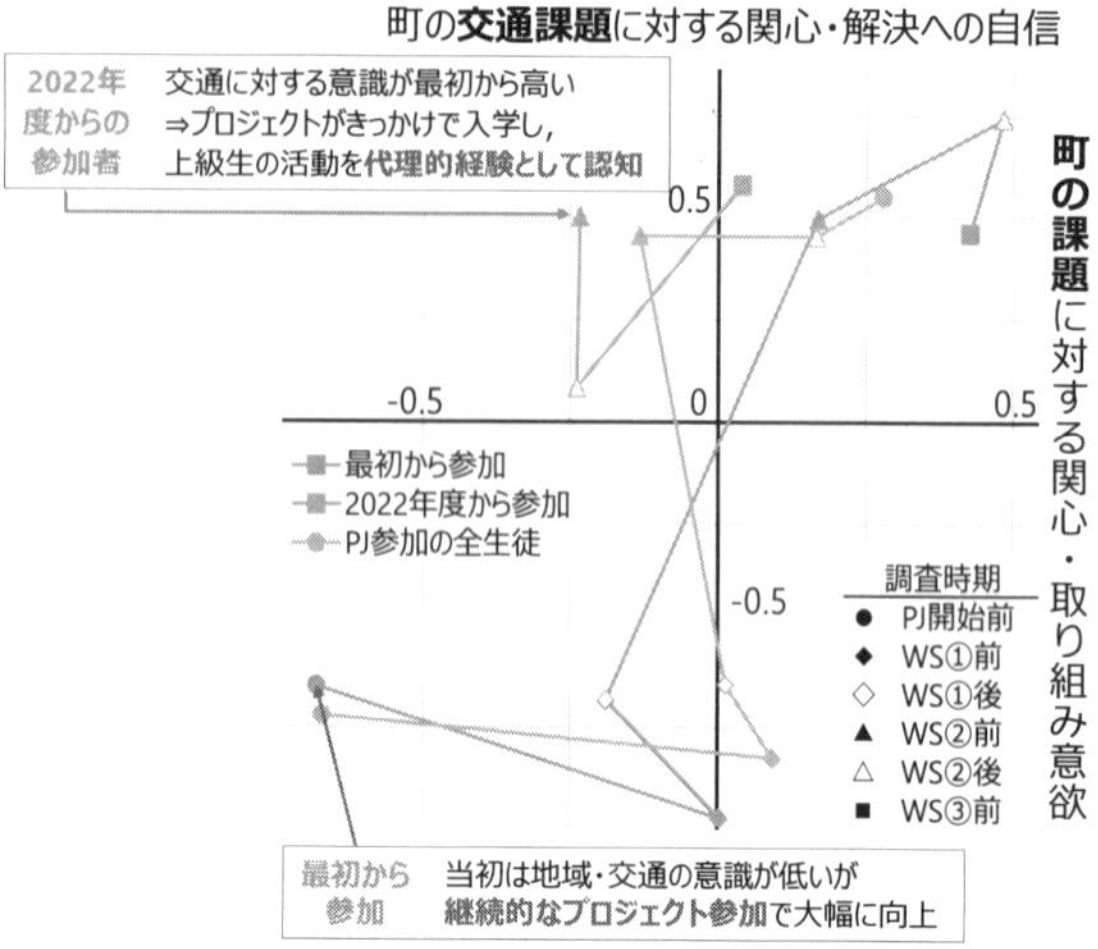

図 6-6　交通手段・地域課題への意識の推移

上している。この要因として、プロジェクトやe-bikeでの通学への関心が動機となり入学した生徒が数名おり、元からe-bikeや地域への意識が高い生徒が多かったことが挙げられる。また、入学後も上級生から前年度の活動の話を聞くなど、ワークショップ以外での代理的な経験の影響があったと推察される。

おわりに

本章では、第3章で述べた高校生が大人と協働しながらe-bikeの利用環境を変え、さらにe-bikeを活用したまちづくりに挑戦するという取り組みを通じて、地域に対する自己効力感を育んだ過程を、アンケート調査の分析結果を通じ紹介した。

A. Banduraは、自己効力感（self-efficacy）を目標達成に必要な自分の能力に対する自信や信念の強さとし、人が行動を起こし、結果を得るための重要な要素であると説明した。さらに自己効力感を高めるには、以次の4つの要素が役立つとされている。

① 成功体験――実際に自分が成し遂げた経験
② 代理体験――他人の成功体験を見聞きすること
③ 言語的説得――周囲からの励ましや肯定的な言葉
④ 情動的喚起――生理的・感情的な高まり

これらの要素と、一連の取り組みの対応関係を図6-8に示す。まず、先生方の丁寧な声かけと励ましは、彼らの能力に自信を持たせる「言語的説得」の役割を果たした。ワークショップの場では、何でも話せる生徒同士の雰囲気があり、また、筆者の研究室の大学生が議論を手伝い、温かくリラックスした場が生まれたことで「情動的喚起」が促進された。さらに、ワークショップ活動の結果が地域に変化をもたらしたという「成功体験」は、先輩から後輩へと伝えられ、参加していなかった後輩たちも「代理体験」を得る機会となった。こうして自己効力感が高まった高校生たちは、積極的に議論に参加し、課題解決に意欲的に取り組んだものと思われる。

また、大人と直接対話するなかで、高校生たちは「この行動がこうした変化をもたらす」といった具体的な結果期待を持つことができた。この結果、彼らの提案が実際に社会に影響を与え、大人たちの協力を引き出す力となった。多様な主体、すなわち先輩・後輩、先生方、大学生、大人との協働が、高校生の自己効力感を支え、地域の一員として重要な役割を果たす自覚と成長をもたらしたことが示唆された。以上のように、本章では高校生が主体となる地域との協創ワークショップによる、教

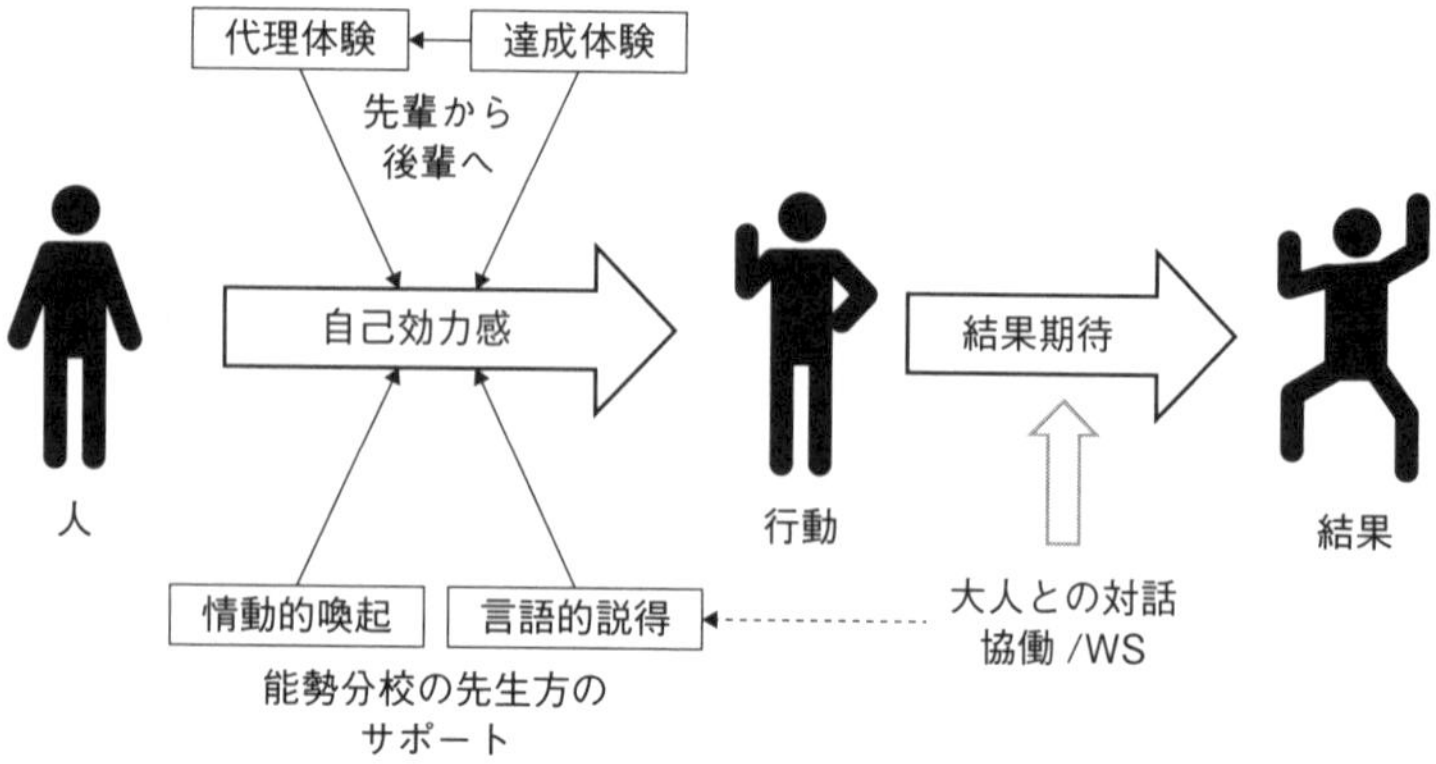

図 6-8　高校生の自己効力感の向上と社会を変えた結果の関係

育的な効果を示した。

本章で照会した分析結果は、対象が少人数であるため一部偏りが生じている可能性がある。ただし、少人数がゆえにワークショップという介入および複数回のパネル調査を実施できた。より効果の一般性を高めるには大人数を対象とした教育方策および負担の少ない調査手法の検討が必要であり、今後も取り組んでいきたい。

参考文献

（1）尾形孔輝、竹本拓治、米沢晋「コミュニティバスの受益者負担について海外事例を踏まえた考察」『パーソナルファイナンス研究』8巻、pp. 43-59、２０２１年

（2）谷内久美子、猪井博登、新田保次「ソーシャル・キャピタル概念を用いた住民主体型バスへの賛否意識の分析」『土木計画学研究・論文集』26巻、pp. 603–610、２００９年

（3）福本雅之、加藤博和「地区内乗合バスサービス運営方式の類型化および適材適所の検討」『土木学会論文集D』Vol. 65, No. 4, pp. 554–567、２００９年

（4）大野悠貴、北原啓司「通学利用の確保に資する効果的なモビリティ・マネジメントの実施に関する研究」『都市計画論文集』52巻3号、pp. 825-832、２０１７年

（5）沖縄県「バスがかわる、バスでかわる。かわった〜バス党」https://www.watta-bus.com/（２０２３年11月20日閲覧）

（6）鳥居一頼「まちづくりネットワーカーとしての高校生の市民的存在について〜秋田県「大舘高校生まちづくり会議 HACHI」の実践に学ぶ〜」『人間生活学研究』No. 21, pp. 51-96、2014

（7）荒井弘和「大学体育授業に伴う一過性の感情が長期的な感情および運動セルフ・エフィカシーにもたらす効果」『体育学研究』Vol. 55, No. 1, pp. 55–62、２０１０年

（8）園部豊、續木智彦、西條修光「一過性運動に伴う快感情享受が Well-Being への気づきおよび運動セルフ・エフィカシーに与える影響」『日本体育大学紀要』43（1）、pp. 21–26、２０１３年

（9）Zhu, G., Zheng, J., & Chen, Y. (2021). Acceptance of free-floating car sharing: A decomposed self-efficacy-based value adoption model. Transportation Letters, 1-11

（10）南雲岳彦「地域幸福度（Well-Being）指標 令和5年度 全国調査結果」『デジタル田園都市国家構想実

現に向けた地域幸福度（Well-Being）指標の活用促進に関する検討会（第３回）』資料２ https://www.digital.go.jp/councils/digital-garden-city-nation-wellbeing/1eb514b0-5e04-4b40-9cac-e142439bad12（２０２３年11月20日閲覧）

（11）高橋勝美、谷口綾子、藤井聡「地域の公共交通の役割・大切さを学ぶモビリティ・マネジメント授業の開発と評価」『土木学会論文集Ｈ（教育）』vol. 2, pp. 28–38、２０１０年

（12）松村暢彦「モビリティ・マネジメントによる交通行動変容と地域愛着の関係性」『環境情報科学論文集』Vol. 22, pp. 127–132、２００８年

（13）宮崎正典、久保田尚「高校生との連携による自転車通行環境整備に関する研究‐熊谷市中心市街地自転車道等社会実験を事例として」『土木計画学研究・講演集（CD-ROM）』42、208、２０１０年

（14）森田哲夫、小林光希、塚田伸也、松田拓也「高校生の交通安全教育の実践と交通安全意識に関する研究」『交通工学論文集』第７巻、第４号（特集号Ａ）、pp. A_15–A_24、２０２１年

（15）松村暢彦、伊藤大介、新田保次「「自転車ヒヤリ地図」による態度・交通行動変容効果の実証的研究」『土木計画学研究・講演集（CD-ROM）』29、２０２４年

（16）金井昌信、片田敏孝、大橋啓造「高校生を対象とした交通ハザードマップを用いた交通安全教育の効果と課題」『土木計画学研究・論文集』Vol. 23, No. 4, pp. 1001–1010、２００６年

（17）小川和久「児童生徒等対する効果的な交通安全教育を普及させるために何が必要か～教育普及スキームの構築研究～」『（公財）国際交通安全学会研究調査プロジェクト 2006C』２０２０年

（18）Chun-Chen Chou, Kento Yoh, Hiroto Inoi, Tadanori Yamaguchi, Kenji Doi (2022). Effectiveness evaluation on cross-sector collaborative education programs for traffic safety toward sustainable motorcycle culture in Vietnam, IATSS Research, January 2022

（19）Bandura, A.（1977）. Self-Efficacy：Toward a Unifying Theory of Behavioral Change. Psychological Review, 84, 191–215
（20）Lent, R. W., Brown, S. D., & Hackett, G（1994）. Toward a unifying social cognitive theory of career and academic interest, choice, and performance. Journal of Vocational Behavior, 45, 79–122
（21）Prochaska, J. O., & DiClemente C. C.（1983）. Stage and processes of self-change of smoking: toward an integrative model of change. Journal of Consulting and Clinical Psychology, 51, 390–395
（22）大友秀明、桐谷正信、西尾真治、宮津好春「市民社会組織との協働によるシティズンシップ教育の実践」『崎玉ローカル・マニフェスト／シティズンシップ教育研究会』埼玉大学教育学部附属教育実践総合センター、Vol. 6, pp. 115–138、２００７年
（23）吉永真理「子ども・若者の参画による防災教育の試み：コミュニティ・エンパワメント意識と自己効力感に着目して」『コミュニティ心理学研究』24（2）、pp. 95–113、２０２１年
（24）鈴木正行「地域ＮＰＯネットワークとの連携による社会参加学習の意義と方法」『日本社会科教育学会「社会科教育研究」』97、pp. 13–26、２００６年
（25）谷田（松﨑）勇人「大学生の地域社会への責任感尺度の作成」『日本教育工学会論文誌』39（１）、pp. 31–40、２０１５年
（26）Selman, R.L (2003). The Promotion of Social Awareness, Russell Sage Foundation.
（27）小野間正巳「大学生における視点取得能力向上プログラム（ＶＬＦ）の効果」『関西福祉大学要』Vol. 22, pp. 65–73、２０１９年
（28）松村暢彦、片岡法子、傘木宏夫、平畑哲哉「子どものための体験型交通・環境学習の試み」『土木計画学研究・論文集』20、pp. 365–374、２００３年

（29） 坪原紳二「オランダの小学校における交通安全教育の実態」『都市計画論文集』、Vol. 50, No. 1, pp. 89–100, 2015

（30） Fatemeh Bakhtari Aghdam, Homayoun Sadeghi-Bazargani, Saber Azami-Aghdash, Alireza Esmaeili, Haneieh Panahi, Maryam Khazaee-Pool, & Mina Golestani (2020). Developing a national road traffic safety education program in Iran Bakhtari Aghdam et al., BMC Public Health

これからの交通社会のあり方を考える

本書で見てきたような地域課題に対する高校生たちの取り組みは、中長期的な視点で考えたときに、若者たち、そして、すべての個人、さらには地域社会のウェルビーイングの向上を目指したものだといえる。そのようなウェルビーイングの向上は、安全かつ安心で、人々が快適に暮らせるような交通社会を実現していくうえで、不可欠なものである。そうした観点から考えると、そのような交通社会を支えるインフラストラクチュア（インフラ）のあり方を検討することが欠かせない。

そこで、豊かで持続可能な「交通まちづくり」のあり方や、将来の子どもたちの幸せにつながる交通社会の実現について検討するために、本プロジェクトのメンバーである大阪大学の土井健司先生と九州大学の馬奈木俊介先生による論考を、次ページから紹介したい。

今回のプロジェクトをより大局的な視点から捉え直し、これからの交通社会のあり方を考えていくうえで、非常に示唆に富んだ議論を提示している。

若者のポジティブ感情が導く持続可能な交通まちづくり

大阪大学大学院工学研究科地球総合工学専攻
教授　土井 健司

「電チャリ通」を通じた行動範囲の拡大、自分たちの力で移動するなかで道路環境や自然環境をより身近なものと感じる身体性の拡大は、生徒らのポジティブ感情の育成とも表裏一体の関係にある。

ポジティブ感情の代表的な研究者であるB・フレドリクソンは、ポジティブ感情を「喜び」「興味」「満足」「愛情」の4つに分類しそれぞれの機能を説明した。[1] その後、フレドリクソンは分類軸から「満足」を外し、新たに「感謝」「インスピレーション」「安らぎ」「希望」「誇り」「畏敬」を加え、ポジティブ感情を10種に分類している。[2] ここで、喜びは愉快さや高揚感などの感情と関連した覚醒度の高い感情であり、その機能として創造性を高め、身体的な遊びだけでなく、知的な遊びなどの様々な遊びを誘発することを挙げている。また、興味は好奇心や興奮といった感情を含み、内発的動機づけに基づいた探究的な行動を誘発するとされている。

ポジティブ感情が有する効用は、拡張形成理論（broaden-and-build theory）に代表されるように困難を乗り越えるために必要な個人の強みの育成、強化としても知られている。[3] 人口減少、気候変動や自然災害の激甚化・頻発などを反映して、現代の人々を取り巻く空気はネガティブな情報・メッセージに溢れている。恐怖心を煽るマスコミ等の情報は、時には有効であるが、長期にみれば効果をもたない。心理学者・思想家のS・モスコヴィッシは「恐怖」を原動力とすることの限界を指摘し、恐怖から実際に行動を変えるのは「自己効力感」を強く持っている人だけであると説く。いうまでもなく、自己効力感はポジティブ感情のひとつである。

冒頭に述べた行動範囲や身体性の拡大は、生徒自身による新たな場所づくりにもつながる。自分で決定し、互いを尊重し合う場所、そして自宅（1stプレイス）でも学校や職場（2ndプレイス）でもない居心地の良い場所。これをR・オルデンバーグは3rdプレイスと定義し[4]、米国では都市・地域再生の切り札のようにもてはやされた。これに四半世紀先駆け、わが国の磯村は「第3の空間」概念を提案している[5]。磯村の第3の空間は、第1空間（住居）と第2空間（職場）以外の、道路・交通機関・広場・公共施設等を含む空間と定義されている。第3の空間は、第1空間の血縁や地縁や第2空間の職階などの身分・役割からの解放として特徴づけられる。

こうしたプレイス論や空間論に照らすとき、能勢分校の地域魅力化クラブはどのような場所・空間と見ることができるだろうか。生徒のクラブ活動は、自己決定の度合いが高いものは2ndプレイスの枠を超えた3rdプレイスと位置づけられる。そうした意味においては地域魅力化クラブも3rdプレイスの一種であるが、マグネットのように生徒・教師・町役場・地域団体・民間企業を引き寄せ、能勢の交通・地域課題が議論され、改善・解決策が検討されている。このように3rdプレイスが他のプレイスと重なり合う領域に人々や資源が集まり、共創や共助の意識を育む場所、筆者はこれを「4thプレイス」と捉えている。能勢プロジェクトで都市計画・都市計画的アプローチを主導した大阪大学・

葉助教との議論により、4th プレイスの形成プロセスを解説したものが下の図である。

この図の中心軸には、ポジティブ感情の高まりと行動拡張が連動し、集団内のコミュニケーションにより共有感覚が養なわれること、個々人の有する各種の資源に対するアクセス可能性が高まることで集団実体性が認知され、共有資源の増加に伴い共創や共助の意識が高まることが連鎖的に描かれている。

このコメントの括りに、「交通まちづくり」について触れておきたい。周知の通り地域の再生や活性化のために

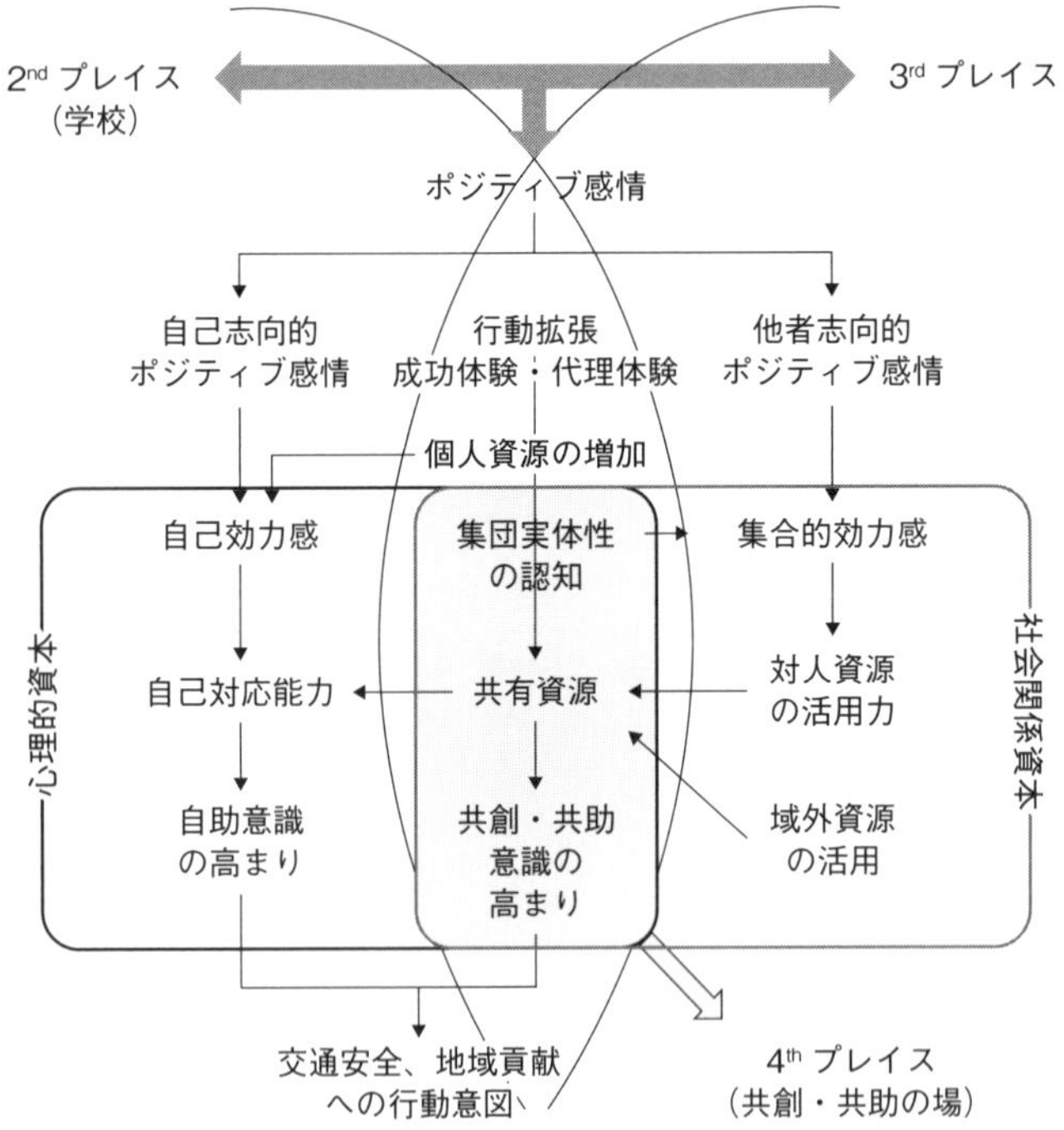

図　4th プレイスの形成プロセス

さまざまな施策が進められている。しかし、現実には衰退は変わらず続いている。多くの都市では自動車利用を優先した都市計画により、中心市街地や集落の空洞化、路線バスの廃止や減便が進み、衰退は加速している。この悪循環に歯止めをかけ、地域を復活させる鍵は、鉄道・バスなどの公共交通に加え、自転車の利用環境、ウォーカブルな公共空間の整備を含む地域の「あしづくり」の見直しと考えられる。このあしづくりと場所づくりをまちづくりの中で対等に位置づけ、相互に呼応させる考え方が「交通まちづくり」である。能勢分校の「地域魅力化クラブ」がマグネットとなった取り組みは、地域の未来を担う若者による「あしづくり」(電チャリ通)×「場所づくり」(4thプレイス)=「持続可能な交通まちづくり」の先駆モデルである。

参考文献

(1) Fredrickson, B. L. (1998). What good are positive emotions? Review of General Psychology, 2, 300–319.
(2) Fredrickson, B. L. (2009). Positivity, New York, NY: Crown
(3) Gusewell, A. and Ruch, W. (2012). Are only Emotional Strengths Emotional? Character Strengths and Disposition to Positive Emotions, Applied Psychology: Health and Well-Being, Vol. 4, Issue 2, pp. 218–239.
(4) Oldenburg. R. (1989). The great good place, New York; Marlowe & Company (忠平美幸訳(2013)『サードプレイス』、みすず書房)
(5) 磯村英一(1968)『人間にとって都市とは何か』、pp. 17–18, 55、NHKブックス

将来の子どもたちの幸せにつながるインフラとは

九州大学都市研究センター
主幹教授　馬奈木 俊介

学際的分野での協働による数値化の重要性

次世代、子どもや孫たちの世代が幸せになる社会とは、どのような社会が望ましいのか。そこには、どのようなインフラが必要とされるのだろうか。

これからの科学の進展が最も期待できる計算生物学（computational biology）から考えてみよう。計算生物学とは、生物学の問題の解決に対して、計算機科学、応用数学、統計学の手法を応用する学際研究分野である。生物現象の複雑さと多様性を理解するために進んだ分野であるが、その応用は将来の都市づくり（スマートシティ）にも大いに役立つ。

計算生物学がスマートシティに役立つ分野は以下である。

1．持続可能性の向上——計算生物学は、持続可能性を高めるために都市の生態系や資源管理に関する洞察を提供できる。例えば、エネルギー効率の最適化、廃棄物管理、水資源の適切な利用などがある。

2．環境モニタリング——生物学的データとセンサーデータを組み合わせて、都市の環境をモニタリングできる。例えば、大気汚染、水質、気温、植生の健康などを追跡し、適切な対策を講じることができる。

3．健康とウェルビーイング——計算生物学は、都市の住民の健康とウェルビーイングにも貢献できる。遺伝子解析やバイオマーカーの研究を通じて、疾病予防や個別化された医療の実現に寄与する。

4．都市設計と最適化——生物学的モデリングとシミュレーションは、都市の設計と最適化に役立つ。例えば、交通流の最適化、建物の配置、緑地の配置などを考慮できる。

5．人工知能と予測——計算生物学は、ＡＩと組み合わせて都市の予測モデルを構築できる。気象、交通、人口動態などのデータを活用して、都市の将来のニーズを予測できる。

このように計算生物学はスマートシティの持続可能性と効率性を向上させるために重要な役割を果たしうる。

国連の取り組みからの成果である、生物多様性と気候変動の連携である、ＩＰＢＳＥ-ＩＰＣＣ合同報告書（図１）にて異分野の融合が強調された（Pörtner et al. 2023）。代表執筆者としてこの報告

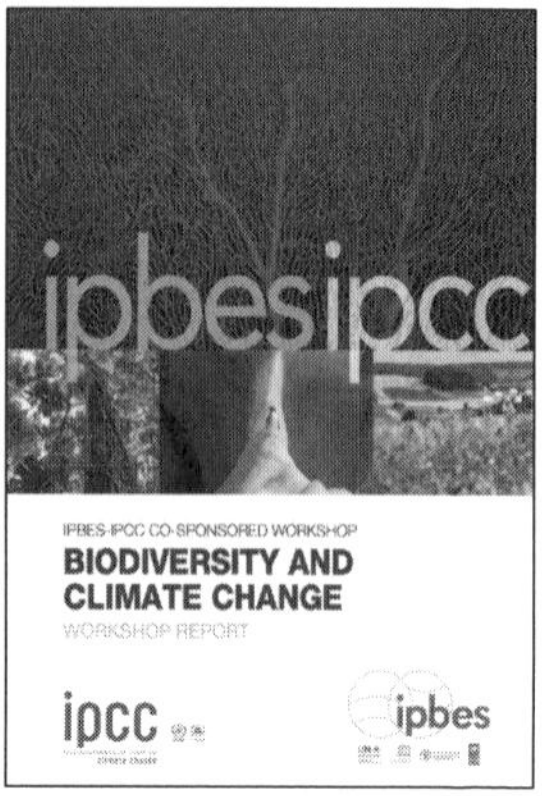

図1　異分野の融合：IPBES-IPCC 合同報告書

書に関わり、いかに最後の解決につなげるかまで数字で貢献するかが明確になった。計算生物学でも、超学際的分野からの数値化が大事だといえる。

自動運転やインフラ整備によってウェルビーイングにつなぐ

便利さと包括的な成長は、交通にとり今後さらに重要となる。便利さは、端的には安全に簡易な技術を用いた交通である。便利さの代表例が、自動運転である。人工知能を駆使した技術と事例を出しながら精度を上げていっている。データ調査会社 Statista によると、二〇二三年、世界で利用者は五四〇〇万人を超えたとされ、自動運転車市場は三兆六億円を超えており、およそ二〇二六年までに約九兆六億円に達すると予測されている。二〇三〇年までに、自動運転車の世界販売台数は約五八〇〇万台に達すると推定されている。

現在の課題は、人工知能がより使われるようになった際に、社会がいかにしてプログラムすべきルールを事前に決めるかである。ビックデータや計算速度がいかに上がろうが、合理化できる可能性が上がろうが、基本的な目的を何にするか、どう目的を合意できるか、社会的にジレンマとなりうる課題にどう折り合いをつけるかの合意なしに、人工知能で一般的に労働の半数近くが代替出来るなど大きな社会変化は起きようがない。避けられない事故など意思決定上、どのようなルール形成ができるか、そのアルゴリズムを含めたうえでの研究も進み始めている（例えば、Yoo et al. 2023）。個々人の考え方を、社会で合意できる仕組みづくりをいかに作るかであるが、基本的に既存研究からの判断基準の整理と、実例での先行する事業者での応用で決まっていくのであろう。そのうえで、誰がどこを運転しているか、周囲の環境はどうなのか、といった把握が大事になる。

ここで面的な視点で、インフラの影響を把握することが、計算生物学からのスマートシティ発展とつながり、今後の包括的な交通が出来ていく。

自動運転のような簡便な移動方法の普及とともに、インフラが整備されていくことにより、次世代のウェルビーイングを上げていくことが望まれる。

ウェルビーイングの指標として注目されるのが新国富指標（Inclusive Wealth Index）である（図２）。インフラなどの人工資本のほか、これまで金銭に換算されてこなかったウェ

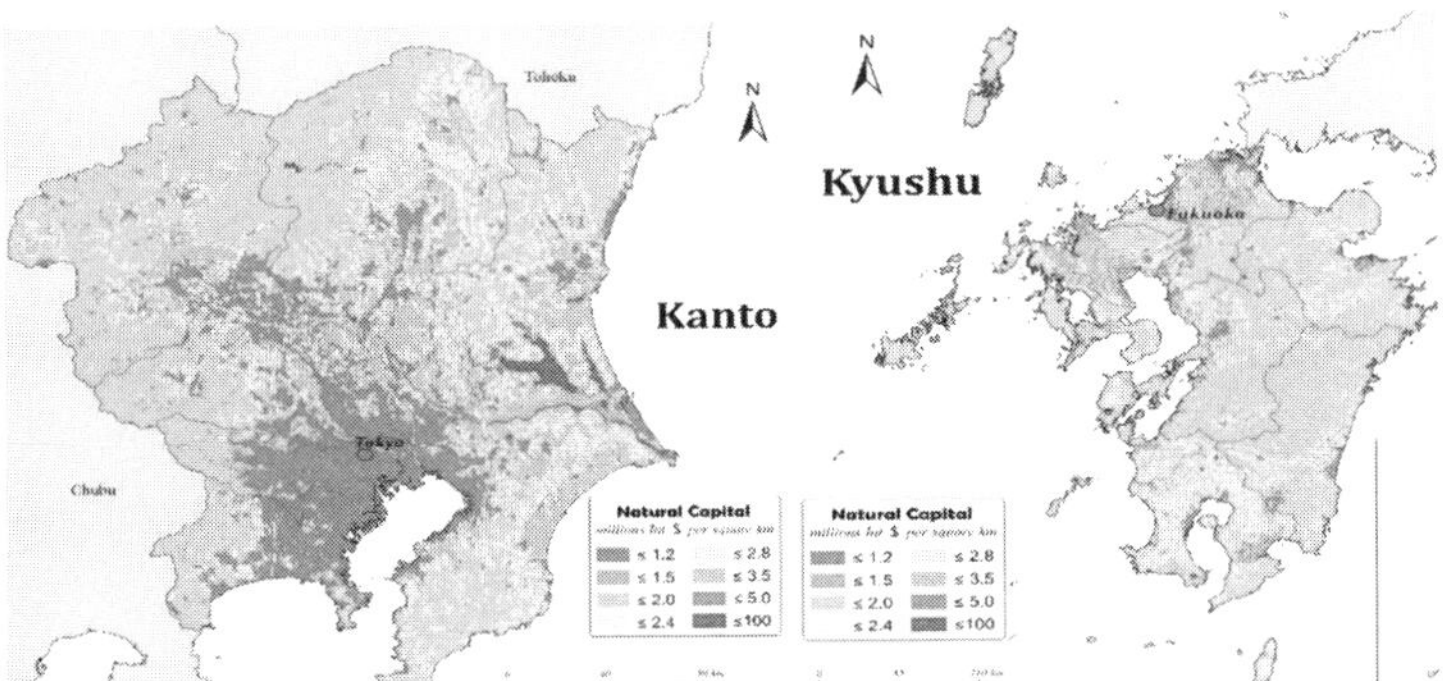

図２　新国富指標：自然資本の例

ルビーイングに資する教育や健康などの人的資本や自然資本の価値について数値化し、その推移をみようというものだ。真に豊かな地域づくりへのインフラは、このような指標を活用し広い視野で包括的で多様な価値を見据えたうえで、総合的に考えていくことが必要であろう。

参考文献

Pörtner, H. O., Scholes, R. J., Arneth, A., Barnes, D. K. A., Burrows, M. T., Diamond, S. E., Duarte, C. M., Kiessling, W., Leadley, P., Managi, S., McElwee, P., Midgley, G., Ngo, H. T., Obura, D., Pascual, U., Sankaran, M., Shin, Y. J., & Val, A. L. 2023. "Overcoming the coupled climate and biodiversity crises and their societal impacts", *Science*, 380, eabl4881

Yoo, S., J. Kumagai, T. Morita, Y. Park, and S. Managi. 2023. "Who to Sacrifice? Modeling the Driver's Dilemm", *Transportation Research Part A*, 178. 103872.

第7章　高校生たちが主体的に参加する地域課題改善モデル

北村友人

1　プロジェクトの活動とねらい

ここまで能勢分校の取り組みを、さまざまな角度からご紹介してきました。そこで、本章では、今回のプロジェクトで行ったことを改めて整理したうえで、高校生たちが地域課題の改善に対して主体的に参加するうえで参考にしていただけるモデルを提示したいと思います。

そのような地域課題改善モデルの構築にあたり、高校生の主体的な関与を促すためのいくつかのアプローチが考えられます。とくに、能勢町のような中山間エリアでは、交通や地域の持続可能性が重要なテーマとなりました。まずは、今回のプロジェクトでの取り組みを振り返ることにします。

今回のプロジェクトは、交通改善と地域社会への貢献という2つの柱から成り立っています。その目的は、電動アシスト付き自転車（e‐bike）を活用しながら、地域の交通課題や環境問題に関心を持ち、その解決策を考える機会を、高校生たちに提供することでした。

そのために、まずは地域交通の現状について、高校生たち自身が理解を深めることが求められました。具体的には、路線バスの運行状況、通学ルートの安全性、自転車を使った移動の利便性や課題などを明らかにし、能勢町の交通インフラの現状を理解しました。

そのうえで、自転車通学を通して気づいたことを踏まえて、能勢町における安全で持続可能な通学環境について考えてもらいました。たとえば、自転車で安全に通学できるような道路環境のあり方について、標識や街灯、ミラーなどが適切に設置されているか、蓋のない側溝への対応をどうするか、といったことについて、生徒たちの間で議論してもらいました。

また、自転車通学をするということは、交通事故のリスクが高まる可能性があるため、交通安全教育を行うことが不可欠です。プロジェクトに参加する高校生たちに対して、自転車の適切な整備の仕方から始まり、安全に運転するための技術の習得、道路上で気をつけるべき問題などについて学ぶ機会を設けました。加えて、自分たちが学んだことをより多くの人と共有するために、中学生向けの交通安全教育を企画し、地元の中学校で実施したことも、特筆すべき活動であったと思います。

さらに、自転車通学を通じて得た経験から、能勢町の他の地域課題にも目を向けてもらいました。地域住民や地元企業の方々、そして行政官の皆さんと、能勢町が抱える課題について、高校生たちが意見交換をしました。その結果、道路環境の整備の必要性が指摘されるとともに、能勢町の持続可能な発展に向けた具体的な活動の提案が行われました。道路環境の整備については、高校生たちの指摘を踏まえて、路肩の溝の注意を促す反射視線誘導鋲が大阪府池田土木事務所によって設置されるなど、目に見える成果を上げることができました。

交通以外の面でも、e-bikeを活用して、能勢町の観光資源を発掘・紹介することを目的としたサイクル・ツーリズムの企画が提案されました。たとえば、通学路に沿った自然景観や文化的遺産を訪れるルートを設計するといったアイデアが提示されました。こうした地域資源に関する議論を通して、地元の観光や産業を支援しながら、高校生が地域に誇りを持つようになると考えます。

今回のプロジェクトでは、国際交通安全学会（IATSS）の研究会が中心となり能勢分校と連携しながら、プロジェクトの進行状況や成果を定期的に評価し、そのフィードバックを学校や地域に還元してきました。これによって、通学環境に関する持続的な改善サイクルを確立し、地域全体での理解と協力を促進してきたと言えます。

このプロジェクトを通して、高校生たちが主体的に地域課題に取り組むことで、能勢町の交通や環境問題の解決を図り、地域の持続可能な発展に寄与することを目指してきました。また、「電チャリ通」を通した学びの場を提供し、若い世代が地域に愛着を持ち、未来に向けたリーダーシップを発揮できるような環境を整えてきました。

2　高校生による地域課題改善モデル

今回のプロジェクトで得られた知見・経験に基づき、全国各地の高校生が交通以外の分野でも応用できるように、地域課題改善モデルをより一般化し、どの地域でも実施可能な形に落とし込むためのフレームワークを提示したいと思います。ここで提示するモデルは、地域の特性や課題に応じてカスタマイズできる柔軟性を持たせつつ、問題解決に向けた共通のステップを示すものです（これらの活動を順序だてて行っていくために、表7−1も参照してください）。

（1）現状調査と課題の特定

【目的】地域に存在する課題を把握し、その中から高校生が解決に取り組むべき問題を特定する。

【活動】

・**地域課題のリサーチ**――地域社会における問題やニーズを調査します。調査手法として、地域住民や専門家へのインタビュー、アンケート、現地視察などを行い、情報を収集します。たとえば、環境問題、高齢化、公共サービスの不足、地域経済の低迷など、地域ごとに異なる課題を特定します。

・**データの分析**――集めた情報を分析し、どの問題が最も影響が大きかったり、重要であったりするのかを明らかにし、かつ高校生が取り組める範囲であるかを評価します。

・**解決対象の選定**――複数の課題が浮上した場合、優先度や緊急性を考慮し、具体的に取り組むべき課題を選定します。

（2）プロジェクトの計画と目標設定

【目的】課題解決に向けた具体的な行動計画を立て、達成したい成果を明確にする。

【活動】

・**目標の設定**――課題解決に向けた具体的な目標を設定します。目標は、「具体的（Specific）」「測定可能（Measurable）」「実現可能（Achievable）」「関連性がある（Relevant）」「期限を定めて取り組む（Time-bound）」（SMARTの法則）といった要件にもとづいて設定すると、良いのではないでしょうか。

・**アクションプランの作成**――目標に到達するための具体的な行動計画を立てます。ここでは、プロジェクトに参加するメンバーの役割分担、必要なリソース（資金、設備、協力者等）、スケジュールなどを策定します。

・**協力体制の構築**――学校以外にも、地域団体、自治体、企業、NPOなど、外部の協力を得るための連携を模索します。地域の利害関係者と積極的に対話し、支援を得るためのプレゼンテーションや交渉を行います。

（3）実行と実施管理

【目的】計画に基づいてプロジェクトを実施し、進捗を管理しながら、問題解決に向けた活動を進める。

【活動】

・**プロジェクトの開始**――計画に基づいて、選定された課題解決のためのアクションを実行します。たとえば、環境問題であるならば清掃活動や植樹、高齢化対応ならば福祉活動やコミュニティ・サポートなど、実際のアクションを開始します。

・**進捗のモニタリング**――プロジェクトの進行状況を定期的にチェックし、問題や遅れが生じた場合は、迅速に対策を講じます。必要に応じて計画の修正を行い、柔軟に対応します。

・**チーム内コミュニケーション**――メンバー間で定期的に情報共有を行い、全員が進行状況を把握できるようにします。また、外部との連絡やフィードバックも重要です。

（４）成果の評価と振り返り

【目的】プロジェクトの成果を評価し、学んだことや改善点を振り返ることで、次回の活動に活かす。

【活動】

・**成果の評価**――設定した目標に対して、どの程度達成できたかを評価します。成果は、定量的なデータ（例：減少したゴミの量、参加者数）や定性的な評価（例：住民の満足度、活動へのフィードバック）を用いて測定します。

・**成功事例と課題の共有**――プロジェクトの成果や課題点を学校や地域社会に報告し、経験を共有します。発表会や報告書の作成などを通して、他の生徒や地域住民にも活動の意義を伝えます。

・**次回に向けた改善**――活動を通じて学んだことを、次回のプロジェクトに活かします。たとえば、より効果的なリソースの使い方や、より広範囲にわたる地域課題への対応策を検討します。

（５）持続可能性と展開の促進

【目的】プロジェクトを継続可能な形で進め、他の地域や学校に展開できるモデルを構築する。

【活動】

・**持続可能な体制の構築**――プロジェクトが単発で終わらず、継続的な活動となるようにします。次年度の生徒や地域コミュニティが引き継げるよう、運営体制や資金調達の仕組みを整えます。（資金調達については、学校とよく相談することが大切です。）

・**モデルの展開**――成功したプロジェクトを他の学校や地域に広めるための資料やガイドラインを作

成します。たとえば、地域課題に取り組むための「高校生アクション・ガイド」や、他の学校との連携ネットワークを構築することで、モデルを普及させます。

・**外部評価の活用**――自治体や外部団体、企業からのフィードバックや評価を活用し、より効果的なプロジェクト運営を目指します。また、他地域や国レベルの事例を参考にして、活動の質を高めるための改善を続けます。

＊応用分野の例

今回提示したモデルは、以下のようなさまざまな分野で応用可能です。

・**環境保護**――ごみ拾いやリサイクルの推進、自然保護活動、エネルギーの効率的な利用方法の普及など。

・**地域福祉**――高齢者支援、孤独対策、子供の見守り活動、障害者のサポートなど。

・**地域経済の活性化**――地元産業や観光業の支援、地元特産品の普及イベント、農業体験や地域産品のプロモーションなど。

・**教育・文化**――地域文化や歴史の保存・普及活動、地域の学校間連携による教育プロジェクト、文化イベントの企画など。

ここで提示した地域課題改善モデルは、高校生が自分たちの地域で主体的に課題を発見し、解決に向けて行動するためのフレームワークです。課題のリサーチから解決策の提案、実行、そして持続可能性までの一連のプロセスを通じて、高校生たちは地域に貢献しながら実践的な学びを得ることができます。各地で異なる課題にも対応できる柔軟性があるため、交通、環境、福祉、教育など、さまざまな分野で応用可能なモデルであると考えます。ぜひ、読者のみなさん（とくに高校生のみなさん）の地域にある課題を見つけ、こうしたモデルを参考にしながら、積極的に行動していっていただけると嬉しく思います。

ただし、今回の能勢分校でのプロジェクトは、その始まりは私たち大人の側からであったことを、改めて指摘しておくべきでしょう。通学に関する問題に直面する高校生たちの状況に対して、周囲の大人たちが心配したことが、プロジェクトの始まりでした。その意味では、この能勢分校のケースを、そのまま他地域での地域課題解決に際して当てはめることは、少し乱暴なことだとも思います。

そのことを踏まえたうえで、それでもなお、今回のプロジェクトをベースとした「高校生による地域課題改善モデル」を一般化したモデルとして提示することが妥当であると考えます。なぜなら、きっかけは大人たちの側にあったかもしれませんが、その後、プロジェクトが進んでいくにつれて、高校生たちが主体的に行動するようになっていったからです。大人たちが提供したきっかけを、しっかりと高校生たちが受けとめて、それを自分たちのなかで深化させていったことは、素晴らしいことだと思います。

そうした、「自分ごと」として受けとめる過程は、さまざまな場面に見てとることができました。たとえば、平日の通学にｅ－ｂｉｋｅを利用していた生徒と、週末の部活に行くために利用したい生徒が、それぞれの都合に合わせてｅ－ｂｉｋｅを使えるように、お互いに利便性のある地点の駐輪場

表7-1　高校生による地域課題改善モデル

ステップ		目的	活動
1	現状調査と課題の特定	地域に存在する課題を把握し、その中から高校生が解決に取り組むべき問題を特定する	・地域課題のリサーチ ・データの分析 ・解決対象の選定
2	プロジェクトの計画と目標設定	課題解決に向けた具体的な行動計画を立て、達成したい成果を明確にする	・目標の設定 ・アクションプランの作成 ・協力体制の構築
3	実行と実施管理	計画にもとづいてプロジェクトを実施し、進捗を管理しながら、問題解決に向けた活動を進める	・プロジェクトの開始 ・進捗のモニタリング ・チーム内コミュニケーション
4	成果の評価と振り返り	プロジェクトの成果を評価し、学んだことや改善点を振り返ることで、次回の活動に活かす	・成果の評価 ・成功事例と課題の共有 ・次回に向けた改善
5	持続可能性と展開の促進	プロジェクトを継続可能な形で進め、他の地域や学校に展開できるモデルを構築する	・持続可能な体制の構築 ・モデルの展開 ・外部評価の活用

を利用して、自分たちでe‐bikeのシェアリングを考えて実行しました。これは、まさに主体的にこのプロジェクトと向き合っていたからこそ生まれた発想だったと思います。

このように、プロジェクトのイニシアティブが、大人から高校生たちに移るプロセスがあったからこそ、ここで提示した地域課題改善モデルを一般化したモデルとして提示することが可能であると考えます。

なお、本書をここまで読んでくださった方々のなかには、今回のプロジェクトが今後どのように展開していくのかに関心をお持ちになる方がいるかもしれません。二〇二四年十二月現在、これからのプロジェクトのあり方について、能勢分校、能勢町役場、株式会社能勢・豊能まちづくり、そして国際交通安全学会の関係者たちで検討しています。

これまでは、e-bikeのメンテナンスにかかるコストや使用する生徒たちの保険料などを、基本的に国際交通安全学会が負担してきました。しかしながら、学会が永続的に費用を負担することはできません。そのため、このプロジェクトを持続可能なものとするための方策を、学校や役場、さらには株式会社能勢・豊能まちづくりが、連携しながら練っています。

たとえば、e-bikeを観光客の方々に使っていただくことなど、通学以外の目的での活用を検討したりしています。しかし、安全管理やe-bikeのメンテナンス費用などについて、どこが主体となって対応するのかといった問題があります。そうしたなかでは、e-bikeを利用する生徒たちによる受益者負担についても考えなければならないかもしれません。ただ、可能な限り生徒たちとそのご家庭への負担をかけることなく、プロジェクトを続けられる環境を整えたいと、関係者たちは知恵を絞っています。こうした問題については、生徒たちも「自分ごと」として捉え、たとえばクラウドファンディングなどの活用はできないか、といったことを検討したりしています。

正直に申し上げて、今回のプロジェクトの今後の展開を見据えたとき、e-bikeというハード面に関しては、まだまだ検討が必要であるのが実態です。本来でしたら、上述のモデルでも提示している「持続可能性」を担保するための出口戦略を明確にしてから、プロジェクトを始めるべきでした。もちろん、プロジェクトを企画した段階から、メンバーたちの間ではいかにしてプロジェクトを持続可能なものにするかということを、常に議論してきました。ただ、将来に対する明確な道筋を見出すまで、いままさに目の前で通学に困難を抱えている高校生たちを放っておいて良いのか、という思いが強くありました。そのため、まずはプロジェクトを立ち上げ、走りながら考えるという方法をとらざるを得なかったのです。このことは率直に言って、今回のプロジェクトにおける大きな課題であり、反省点でもあります。

しかしながら、それと同時に、能勢分校の生徒たちの交通安全意識が高まり、交通安全を地域魅力化クラブの重要なテーマのひとつとして位置づけたことは、ソフト面でのさらなる深化を期待させられます。中学生（さらには小学生）に対する交通安全教育をこれからも継続するとともに、通学路における危険箇所に関する情報を今後も収集し続けて、交通安全マップを作成するといったような活動も、生徒たちのなかで検討されています。これらの活動を積み重ねていくなかで、プロジェクトに関わっている生徒たちだけでなく、能勢分校のすべての生徒たちが、地域の人たちとも連携しながら、これからも安全で安心な交通環境のあり方を考え、そして行動していくことを期待しています。

e-bikeプロジェクトがもたらした能勢の変化

大阪府立豊中高等学校能勢分校
教諭　上西将司

本校の生徒たちは、このe-bikeプロジェクトが動き出す前にも、「能勢の良いところは？」や「能勢をどう変えていけば」といったことを考える機会は多くありました。しかし、そこで考えたことは発表こそしても、それで何かが大きく変わることはなく、生徒たちはどこかで「考えるだけ」「言うだけ」にあきらめと不満のような思いを抱いていたように思います。e-bikeプロジェクトでは高校生の発言やアイデアが元になり、言ったことが実現されていくということに生徒たちは驚きと喜びを感じているとともに、責任感や今後の学校全体のキーワードになる「自分ごと」に考えていくきっかけを感じていたと思います。

e-bikeの導入が決まってからは、私は生徒たちの「機種はこれがいい」「スポーツ系とママチャリ系を試してみたい」という程度のアイデアで本当に実現できるのかと心配でしたが、北村先生や学会の事務局の方々のご助力もあって、アイデアのすべてを採用していただき動き出しました。この頃の生徒たちは自分たちの意見を大人たちが聞いてくれるという喜びで「それなら、自分たちはどんなことをしなくてはいけないのか」「まだまだ何かが変わっていきそう」という思いを抱いていたように感じます。実際に、初期の導入の3名は自分で自分の通学を管理できるという点において、劇的な変化を起こしており、このプロジェクトの有効性をはっきりと実感できました。

ワークショップが本格的に始まってからは、考えの焦点が便利や魅力に当てていたところから、安全や環境に変化していきました。高校生たちの交通ルールの認識の甘さや知識不足が運転行動の振返りから明らかになることで、交通安全教育の奥深さを感じました。周辺の環境の問題になってくると、自分たちの力だけではどうしようもないと片づけていたことが、普段から感じていた危ない場所や事柄を、道路管理者や能勢町役場の職員の方と話し合うことで、自分も含めた能勢町のためにという視点をより強く認識していったように思えます。

3年目頃からe‒b・i k eプロジェクトが校内外で認知され、通学の時間や手段の問題で受験を悩んでいた中学生にとって本校を受験するきっかけになることもありました。一方、校内では導入時の生徒が卒業したことでe‒b・i k eはあって当たり前になってしまい、このプロジェクト自体への参加の意欲が停滞した時期もありましたが、「充電をするのはソーラーパネルの方が環境に良いのではないか」「自分たちが知ったことを中学生に知ってもらうべきではないか」といったように、便利に安全に使うだけでなく、別の視点でこのプロジェクトを捉えるようになっていきました。

本校の課題探究GS（グローカルスタディ）Ⅰ・課題探究GSⅡという科目が、地域の課題を題材に、それを解決に向けて探究活動に取り組むという形態をとっているのも、このe‒b・i k eプロジェクトで経験した、課題が「自分ごと」であるときの生徒の意欲や積極性が高いことを実感しているからです。また、課題が少しでも解決に向け具現化すると、そこから派生して異なる視点で物事を見ることができるということも大いに期待できると考えています。e-bikeプロジェクトや課題探究での活動から、課題の解決に必要な力は、教科で養えるものだけではなく、他者と協働する力や、自分の考えや気持ちを理解する力、最後までやり遂げる力のような目には見えない力（＝非認知能力）を意識することが重要であると感じており、今後はこういった力を可視化し、伸ばしていけるような校内での体制を作っていけるようにと考えています。

私個人としては、教育現場で教鞭をとるなかで自分の型のようなものを崩せずにいましたが、各大学の先生方のワークショップでのアプローチや仕掛けはとても巧妙で、本プロジェクトへのかかわりをきっかけに、探究学習に必要なことは何か、自分ごとに捉えるにはどうすればよいのかなどを考えていけるようになりました。このようなプロジェクトに携わる機会をいただき、心より感謝いたします。

おわりに　高校生が変わると地域が変わる

近年、探究的な学習の重要性が広く認識され、さまざまな学校で取り組まれています。今この本を読んでいる高校生のみなさんの学校でも、何らかの形で探究的な学習が行われているのではないでしょうか。こうした取り組みを後押ししているのが、現行の学習指導要領です。そこでは「主体的・対話的で深い学び」を掲げ、中学校では「総合的な学習の時間」を中心に、高校では新たに7つの探究科目が設けられ、生徒が自ら考え学ぶ力を育てることを目指しています。そのために、アクティブ・ラーニングのような学習法が積極的に取り入れられています。それらの学びを、みなさんも学校で経験していると思います。

探究的な学習の流れは、①身近な疑問を自分の課題として捉え、②解決に必要な情報を集め、③整理・分析し、④結果をまとめて発表するというプロセスです。この過程で、解決策を見つけると同時に、新しい課題にも気づく力を養います。さらに探究を進めることで、複雑で多様な問題に対応できる力も育てます。

こうした学びは、VUCA（変動性、不確実性、複雑性、曖昧性）の時代に必要な力を身につけるために役立ちます。私たちが生きる時代は、先の見通しが難しく、さまざまな挑戦が待ち受けています。たとえば、国連が二〇一五年に採択した「持続可能な開発目標（ＳＤＧｓ）」でも、世界が直面する多くの課題が示されています。これらを理解し、解決策を考える力をつけることも、探究的な学習の目標のひとつです。

このように、探究的な学習は、いまの学校教育において重要な役割を果たしています。しかし、実際に取り組んでいる皆さんはどう感じていますか？　教科書で学ぶ授業とは違い、必ずしも「正解」があるわけではないため、面白さを感じる一方で、難しさもあるかもしれませんね。また、先生方にとっても、この指導は試行錯誤の連続なのではないでしょうか。

実は、今回のプロジェクトを踏まえて第7章で提示した「高校生による地域課題改善モデル」は、探究的な学習を行う際にも参考にしていただけるものだと考えています。地域課題改善モデルでは、身近な課題を発見し、適切な手続きを踏みながら、ステップごとに必要とされる活動に取り組み、それらの活動を通して得られた成果を踏まえ、さらなる課題の解決を目指して次の段階へと進んでいきます。こうした一連の流れは、探究的な学習

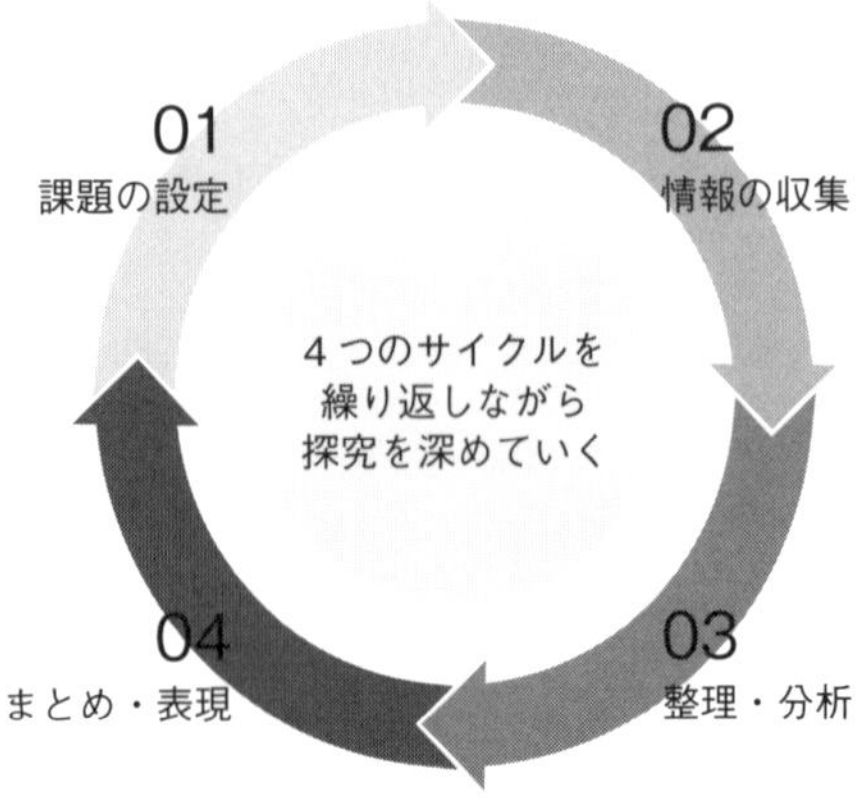

図　探究的な学習のプロセス[1]

とまさに同じプロセスだといえます。
日本中のさまざまな学校で、新たな探究的な学びの取り組みを構想するにあたり、今回の能勢分校での取り組みが少しでも参考になるのであれば、望外の喜びです。

今回のプロジェクトは、多くの方々のご支援を受けて、実施することができました。とくに、大阪府立豊中高等学校能勢分校の菅原亮准校長ならびに同校地域魅力化クラブ顧問の上西将司先生には、プロジェクトの趣旨にご賛同いただき、学校として積極的に取り組んでくださってきました。生徒たちの主体的かつ探究的な学びを大切にする同校の教育理念と、このプロジェクトが目指す方向性とが、上手く合致したのも、両先生をはじめとする同校の先生方のご理解とご尽力があったからこそです。誠にありがとうございました。

また、能勢町の地域のみなさまにも、さまざまな面でご理解とご協力をいただいたおかげで、このプロジェクトを進めてくることができました。地域のみなさまとの対話の機会となったワークショップを通して、高校生たちは多くの気づきを得ることができました。とりわけ、能勢町役場・総務部総務課の熊手俊行氏、百々孝之氏、矢立智也氏、福井哲史氏、そして、株式会社能勢・豊能まちづくりの榎原友樹氏と永井克治氏のご支援によって、本プロジェクトは大きく進展することができました。そもそも今回のプロジェクトは、能勢分校の生徒たちが通学に困難を抱えている状況を心配した榎原氏が、私に声をかけてくださったことがきっかけとなり、立ち上がったのでした。本プロジェクトは、町役場をはじめとする地域の方々の協力があってこそ、成り立ったものです。こうした関係者のみなさまに、この場をお借りして、心よりお礼申し上げます。

さらに、大阪大学の土井健司教授・葉健人助教・土井研究室の学生さんたち、大阪公立大学の吉田長裕准教授と吉田研究室の学生さんたち、九州大学の馬奈木俊介教授・岸上祐子特任助教・馬奈木研究室の学生さんたちのご尽力なしには、本プロジェクトを実施することはできなかったことを、ここに記して感謝申し上げます。

加えて、このプロジェクトを全面的にサポートしてくださった公益財団法人国際交通安全学会（IATSS）の事務局ならびに研究会のみなさまに、感謝申し上げます。安全で安心な交通社会を創るために、学際性や実際性を大切にした研究を推進しているIATSSだからこそ実現することのできたプロジェクトでした。とくにIATSS事務局の幕田実氏、石川映予氏、大野裕氏、原田雄樹氏、富島佐紀氏によるご支援に、あつくお礼申し上げます。

そして、何よりも本プロジェクトの主役である能勢分校の生徒さんたちによる積極的な参加がなければ、このプロジェクトがここまで発展することはありませんでした。プロジェクトに参加してくれたすべての生徒さんたちに、心から感謝申し上げます。

なお、本書を出版できたのは、プロジェクトの意義をお認めくださり、出版企画を後押ししてくださった、東京大学出版会の後藤健介氏のおかげです。全国の高校生たちにこの本を届けたいというプロジェクト関係者たちの想いをご理解くださり、素敵な本にして世に送り出してくださった後藤氏に、改めてお礼申し上げます。

最後に強調したいことが、高校生のみなさんが本気で行動することによって、地域の大人たちも真剣に応えてくれるということです。高校生が変わると、地域が変わる。今回のプロジェクトを通して、私たちが実感したことです。

ぜひ、ひとりでも多くの高校生が、そして、1校でも多くの学校が、能勢分校の生徒たちが行ってきた取り組みを参考にしつつ、地域課題改善のための活動を探究的な学習として位置づけながら、それぞれの地域が抱える課題に向き合って行っていただけると嬉しいなと思います。

この本が、高校生のみなさんにとっては、自分たちにも世の中を変えることができるという実感を持ってもらうための機会として、そして、先生方には、いままでのご自身の教育実践を見つめ直す契機にしていただければと願いつつ、本書の結びにしたいと思います。最後まで読んでいただき、どうもありがとうございました。みなさんが、それぞれのやり方で、地域課題と向き合い、挑戦されていくことを楽しみにしています！

プロジェクト関係者一同を代表して
北村 友人

（1） 森永エンゼルカレッジ「探究的な学習」より（https://angel-zaidan.org/tankyu/［2024年10月24日閲覧］）

2105A-2205B
≪行政・団体連携プロジェクト≫「中山間エリアの高校通学における交通課題の解決と教育的効果の測定」
2321A-2421B
≪社会貢献プロジェクト≫「中山間エリアの高校における交通課題解決のための教育活動」

メンバー一覧

プロジェクトメンバー（敬称略、所属は当時のもの、順不同）：

	氏名	所属
PL	北村　友人	東京大学大学院教育学研究科　教授
会員	土井　健司	大阪大学大学院工学研究科地球総合工学専攻　教授
	吉田　長裕	大阪公立大学大学院工学研究科　准教授
	馬奈木　俊介	九州大学都市研究センター　教授
	大森　宣暁	宇都宮大学地域デザイン科学部　教授
	神田　直弥	東北公益文科大学　学長
	川口　純	慶應義塾大学文学部　准教授
	中井　宏	大阪大学大学院人間科学研究科　准教授
	柴山　多佳児	ウィーン工科大学交通研究所　研究院
特別研究員	奥山　祐輔	黒井産業㈱　黒井交通教育センター本部マネージャー
	葉　健人	大阪大学大学院工学研究科　助教
	猪井　博登	富山大学都市デザイン学部　准教授
	山口　直範	大阪国際大学人間科学部　教授
	岸上　祐子	九州大学都市研究センター　特任助教
	山﨑　瑛莉	上智大学 Sophia Future Design Platform 推進室 University Education Administrator
	菅原　亮	大阪府立豊中高等学校能勢分校　准校長
	内田　千秋	大阪府立豊中高等学校能勢分校　教頭
	上西　将司	大阪府立豊中高等学校能勢分校　教諭（地域魅力化クラブ顧問）
	熊手　俊行	大阪府豊能郡能勢町役場　能勢町総務課長
	百々　孝之	大阪府豊能郡能勢町役場　能勢町総務課長
	矢立　智也	大阪府豊能郡能勢町役場　総務部総務課
	福井　哲史	大阪府豊能郡能勢町役場　総務部総務課
	榎原　友樹	能勢・豊能まちづくり　代表取締役
	永井　克治	能勢・豊能まちづくり　地域サービス開発部
	周　純甄	大阪大学大学院工学研究科　博士課程
	石ヶ森　郁弥	大阪公立大学大学院工学研究科　学部・修士・博士課程
	大塚　優作	大阪大学大学院工学研究科　学部・修士課程
研究協力者	佐々木慎之介	大阪大学工学部地球総合工学科　学部
オブザーバー/アルバイト	奥本　正風	九州大学大学院工学府土木工学専攻　修士課程
	川崎　航平	九州大学大学院工学府土木工学専攻　修士課程
	天川　航	九州大学大学院工学府土木工学専攻　修士課程
	西山　哲平	大阪公立大学大学院工学研究科　博士課程
	中塚　尚希	大阪公立大学工学部都市学科学部
事務局	幕田実、石川映予、大野裕、原田雄樹、富島佐紀	

能勢分校・地域魅力化クラブの生徒たちが作成した、能勢町の魅力を紹介する動画です。以下は、生徒たちによる動画紹介の文章です。

２０２１年より私達地域魅力化クラブは、国際交通安全学会の方々や、東京大学の北村先生のご協力のもと能勢町の交通課題にｅ－ｂｉｋｅ（電動アシスト付き自転車）を用いて取り組んでいます。

大阪大学の葉先生の交通ワークショップに参加したり、鈴鹿サーキットの方の講習を受けたりして、交通安全への意識を高めてきました。今回（株）能勢・豊能まちづくりさんの観光事業をお手伝いさせて頂けることになり。ｅ－トゥクトゥクのツアープランに参加される方向けに、能勢町の魅力をまとめた映像を作成しました。部員みんなで能勢町の素晴らしさを伝えられるように努めたので、ぜひご覧ください。

執筆者一覧（執筆順）

北村友人（きたむら・ゆうと）東京大学大学院教育学研究科教授
菅原　亮（すがわら・りょう）大阪府立豊中高等学校能勢分校准校長
岸上祐子（きしかみ・ゆうこ）九州大学都市研究センター特任助教
葉　健人（よう・けんと）大阪大学大学院工学研究科助教
吉田長裕（よしだ・ながひろ）大阪公立大学大学院工学研究科准教授
土井健司（どい・けんじ）大阪大学大学院工学研究科教授
馬奈木俊介（まなぎ・しゅんすけ）九州大学都市研究センター主幹教授
上西将司（かみにし・まさし）大阪府立豊中高等学校能勢分校教諭

「声」を寄せてくれた能勢分校生・卒業生のみなさん

西山　京さん／濱　颯太さん／谷安祐美さん／滝口るなさん／中岡睦喜さん／東　梨佳さん／渡邊　宝さん／今中悠斗さん／糀谷　葵さん／足立晴信さん／中島　智さん／山野はなさん／櫻井真道さん／大城小春さん／大坪樹季さん／若崎愛花さん

「電チャリ通」から考えた地域づくり
高校生と一緒に作った安全な町

2025年3月31日　初　版

［検印廃止］

編　者　北村友人＋国際交通安全学会

発行所　一般財団法人　東京大学出版会

代表者　中島隆博

153-0041　東京都目黒区駒場 4-5-29
https://www.utp.or.jp/
電話　03-6407-1069　Fax 03-6407-1991
振替　00160-6-59964

印刷所　日本ハイコム株式会社
製本所　誠製本株式会社

ISBN 978-4-13-053202-0 Printed in Japan

宿利正史
軸丸真二 編

地域公共交通政策論 第2版

A5判・三六〇〇円

中島直人他 編

コンパクトシティのアーバニズム
コンパクトなまちづくり、富山の経験

A5判・四四〇〇円